www.ingramcontent.com/pod-product-compliance
Lightning Source LLC
LaVergne TN
LVHW050817051026
849532LV00008B/3009
9789369086849

مذہبی فکر و نظر: حصہ - ۳

(مضامین)

(مجلہ 'صدائے شبلی' [حیدرآباد] کے شماروں سے منتخب شدہ مضامین)

مرتب:
ڈاکٹر محامد ہلال اعظمی

Mazhabi Fikr-o-Nazr - Part:3 *(Essays)*

by: Dr Muhamid Hilal Azmi

Edition: July '2025

Publisher :

Taemeer Publications LLC (Michigan, USA / Hyderabad, India)

ISBN 978-93-6908-684-9

9 789369 086849

کتاب	:	**مذہبی فکر و نظر : حصہ-۳** (مضامین)
مرتب	:	**ڈاکٹر محامد ہلال اعظمی**
صنف	:	مذہب
ناشر	:	تعمیر پبلی کیشنز (حیدرآباد، انڈیا)
سالِ اشاعت	:	۲۰۲۵ء
صفحات	:	۶۲
سرورق ڈیزائن	:	تعمیر ویب ڈیزائن

فہرست

اخلاقِ نبوی صلی اللہ علیہ وسلم

علامہ شبلی نعمانیؒ

ازواجِ مطہرات

حضرت خدیجہؓ

سلسلۂ نسب یہ ہے خدیجہ بنت خویلد بن اسعد بن عبد العزیٰ بن قصی، قصی پر پہنچ کر ان کا خاندان رسول اللہ ﷺ کے خاندان سے مل جاتا ہے، آنحضرت ﷺ کی بعثت سے پہلے وہ طاہرہ کے لقب سے مشہور تھیں، ان کی والدہ فاطمہ بنت زائدہ تھیں، ان کے والد اپنے قبیلہ میں ممتاز تھے، مکہ میں آکر سکونت اختیار کی اور بنو عبد الدار کے حلیف بنے، عامر بن لوی کے خاندان میں فاطمہ بنت زائدہ سے نکاح کیا، ان کے بطن سے حضرت خدیجہؓ پیداء ہوئیں، ان کی پہلی شادی ابوہالہ ابن زرارہ تمیمی سے ہوئی، ان سے دو لڑکے پیدا ہوئے، ایک کا نام ہند تھا اور دوسرے کا حارث، ابوہالہ کے انتقال کے بعد عتیق بن عایذ مخزومی کے عقدِ نکاح میں آئیں، ان سے ایک لڑکی پیدا ہوئی، اس کا نام بھی ہند تھا، اسی بنا پر حضرت خدیجہؓ ام ہند کے نام سے پکاری جاتی تھیں، ہند نے اول اسلام قبول کیا، آنحضرت ﷺ کا مفصل حلیہ ان ہی کی روایت سے منقول ہے، نہایت فصیح و بلیغ تھے، حضرت علیؓ کے ساتھ جنگ میں شریک تھے اور شہید ہوئے۔

عتیق کے انتقال کے بعد حضرت خدیجہؓ رسول اللہؐ کے عقدِ نکاح میں آئیں، جس کے مفصل حالات گذر چکے، آنحضرت ﷺ سے چھ اولادیں ہوئیں، دو صاحب زادے کہ دونوں بچپن میں انتقال کر گئے اور چار صاحب زادیاں، حضرت فاطمہ زہراؓ، حضرت زینبؓ، حضرت رقیہؓ، حضرت ام کلثومؓ، ان سب کے حالات آگے آئیں گے۔

حضرت خدیجہؓ کی ایک بہن ہالہ تھیں، وہ اسلام لائیں اور حضرت خدیجہؓ کی وفات کے بعد تک زندہ رہیں۔

حضرت خدیجہؓ سے آنحضرت ﷺ کو بے انتہا محبت تھی، جب وہ عقد نکاح میں آئیں تو ان کی عمر چالیس برس کی تھی اور آنحضرت ﷺ پچیس سال کے تھے، نکاح کے بعد وہ پچیس برس تک زندہ رہیں، ان کی زندگی تک آنحضرت ﷺ نے دوسری شادی نہیں کی، حضرت خدیجہؓ کی وفات کے بعد آپ کا معمول تھا کہ جب کبھی گھر میں کوئی جانور ذبح ہوتا تو آپ ڈھونڈ کر حضرت خدیجہؓ کی ہم نشین عورتوں کے پاس گوشت بھجواتے تھے، حضرت عائشہؓ کہتی ہیں کہ گو میں نے خدیجہؓ کو نہیں دیکھا لیکن مجھ کو جس قدر ان پر رشک آتا تھا، کسی اور پر نہیں آتا تھا، جس کی وجہ یہ تھی کہ آنحضرت ﷺ ہمیشہ ان کا ذکر کیا کرتے تھے، ایک دفعہ میں نے اس پر آپؐ کو رنجیدہ کیا لیکن آپؐ نے فرمایا کہ "خدا نے مجھ کو ان کی محبت دی ہے"۔

ایک دفعہ ان کے انتقال کے بعد ان کی بہن ہالہ آنحضرت ﷺ سے ملنے آئیں اور استیذ ان کے قاعدہ سے اندر آنے کی اجازت مانگی، ان کی آواز حضرت خدیجہؓ سے ملتی تھی، آپؐ کے کانوں میں آواز پڑی تو حضرت خدیجہؓ یاد آگئیں اور آپؐ بے جھجک اٹھے اور فرمایا کہ "ہالہ ہوں گی" حضرت عائشہؓ بھی موجود تھیں، ان کو نہایت رشک ہوا، بولیں کہ آپؐ کیا ایک بڑھیا کی یاد کرتے ہیں جو مر چکیں اور خدا نے ان سے اچھی بیویاں دیں" صحیح بخاری میں یہ روایت یہیں تک ہے، لیکن استیعاب میں ہے کہ جواب میں آنحضرت ﷺ نے فرمایا کہ "ہرگز نہیں جب لوگوں نے میری تکذیب کی تو انھوں نے تصدیق کی، جب لوگ کافر تھے تو وہ اسلام لائیں، جب میرا کوئی معین نہ تھا تو انھوں نے میری مدد کی۔" (سیرۃ النبیؐ، جلد: دوم، ص: ۳۲۰-۳۲۱)

مولوی حبیب الرحمن-حیدرآباد

صدّیقیت یا قُرب (احسان)

ہدایت کے مذکورہ دو مقام یا بندگیٔ رب کے دو درجے صالحیت وشہادت سے بلند' کمالِ بندگی کا جو مقام ہے اس کو صدیقیت یا قرب کہتے ہیں جہاں دین وایمان کی تکمیل ہے۔

قرآن مجید میں انبیاء علیہم السلام کو صدیق ومقرب کہا گیا ہے۔ سورہ مریم میں ہے "وَاذْكُرْ فِي الْكِتٰبِ اِدْرِيْسَ اِنَّهٗ كَانَ صِدِّيْقًا نَّبِيًّا" (سورہ مریم:56) ترجمہ: (کتاب میں ادریسؑ کا واقعہ پڑھو وہ بڑے سچے نبی تھے۔) اسی طرح حضرت ابراہیمؑ کو "اِنَّهٗ كَانَ صِدِّيْقًا نَّبِيًّا" (سورہ مریم:41) اور حضرت موسیٰؑ کو "قَرَّبْنٰهُ نَجِيًّا" (سورہ مریم:52) ترجمہ: (ہم نے ان کو مقرب بنایا) اور حضرت عیسیٰؑ کو "من المقربین" (وہ مقربین سے تھے) فرمایا۔ حق تعالیٰ اپنے فضل وکرم سے کسی متبعِ رسالت، اللہ ورسول ہی کے ارشادات سے اپنے دل ودماغ وکردار کو منور رکھنے والے کو بھی بطور وراثت' قرب وصدیقیت کا درجہ عطا فرماتے ہیں۔ "وَالَّذِيْنَ اٰمَنُوْا بِاللّٰهِ وَرُسُلِهٖٓ اُولٰٓئِكَ هُمُ الصِّدِّيْقُوْنَ" (سورہ حدید:19) ترجمہ: (جولوگ اللہ اور اس کے رسولوں پر ایمان رکھتے ہیں وہی صدیق ہیں) اس ارشاد سے یہی ثابت ہوتا ہے کہ مقامِ صدیقیت کا علم وعمل وہی ہے جو کتاب اللہ اور سنتِ رسول اللہ صلی اللہ علیہ وسلم سے صراحتاً ثابت ہے اور انسان کے کشف والہام کو اس میں دخل نہیں۔

اللہ ورسول پر ایمان لانے کا ذریعہ کلمۂ طیبہ لا الہ الا اللہ محمد رسول اللہ ہے اس کلمہ کے ذریعہ فلاحِ دارین پانے کے لئے انسان کو اس کی فطری حیثیت محتاجی وبندگیٔ رب سے واقف کرا کے بندگیٔ رب کا شرف حاصل کرنے کی ہدایت دی گئی ہے اور تمام انبیاء علیہم السلام کو بھی یہی تعلیم دی گئی تھی۔ "وَمَآ اَرْسَلْنَا مِنْ قَبْلِكَ مِنْ رَّسُوْلٍ اِلَّا نُوْحِيْٓ اِلَيْهِ اَنَّهٗ لَآ اِلٰهَ اِلَّآ اَنَا فَاعْبُدُوْنِ" (سورہ الانبیاء:25) ترجمہ: (ہم نے آپؐ سے پہلے کوئی ایسا پیغمبر نہیں بھیجا جس کے پاس ہم نے یہ وحی نہیں بھیجی کہ میرے سوا کوئی معبود ومستعان نہیں ہے پس میری ہی عبادت کرو) نبی کریم صلی اللہ علیہ وسلم کو بھی یہی ہدایت فرمائی کہ اللہ ہی کی عبادت کیجئے۔ بندگی ہی کے شعور وادراک میں رہیئے اور اسی پر قائم رہیے۔ "فَاعْبُدْهُ وَاصْطَبِرْ لِعِبَادَتِهٖ" (سورہ مریم: 65) ترجمہ: (اس کی عبادت کرو اور اسی کی عبادت پر قائم رہو۔) تمام انبیاء علیہم السلام کی یہی خصوصیت بیان فرمائی۔ "وَكَانُوْا لَنَا عٰبِدِيْنَ" (سورہ الانبیاء:73) اور نبی کریم صلی اللہ علیہ وسلم اور صحابہ کرامؓ کی زبانِ حقیقت ترجمان سے بھی یہی کہلوایا "وَنَحْنُ لَهٗ عٰبِدُوْنَ" (سورہ البقرہ: 138) ترجمہ: (ہم اسی کے سراپا بندے بنے ہوئے ہیں) لفظ عابدون بہت پرمعنی لفظ ہے جس میں بندگی کے اس انتہائی مقام کی طرف اشارہ ہے، جہاں بندگی میں حسن ہے، خوبی ہے۔ علم حق کے جن رموز ونکات سے وہ لوگ مطلع کئے گئے تھے، اس کا لازمی اثر یہ تھا کہ وہ اپنے فقر واحتیاج اور اپنے نفس کے شر سے پوری طرح واقف تھے، جس کی وجہ سے ان کے دل خشیتِ الٰہی سے معمور رہتے تھے (جس کا اثر ان کی چال ڈھال بات چیت وغیرہ سے نمایاں رہتا تھا) اور وہ بہرحال مرضیٔ رب کی اتباع واطاعت کرتے اور بڑی رغبت و پورے خوف کے ساتھ سراپا دعا رہتے تھے۔ "اِنَّهُمْ كَانُوْا يُسٰرِعُوْنَ فِي الْخَيْرٰتِ

وَيَدْعُوْنَنَا رَغَبًا وَّرَهَبًا وَكَانُوْا لَنَا خٰشِعِيْنَ" (سورہ الانبیاء:90) یہ سب نیک کاموں میں جلدی کرتے تھے امید و بیم (خوف اور امید) کے ساتھ ہماری ہی طرف متوجہ رہتے تھے اور ہمارے سامنے مؤدب رہتے تھے) عبادت اور الخیرات کے الفاظ قابل غور ہیں۔ نہایت حسن وخوبی کے ساتھ اللہ تعالیٰ کے سامنے تذلّل و عاجزی' تضرع و زاری' اظہار حاجت' اللہ تعالیٰ ہی سے خوف و ہیبت' دعاء وانابت' اللہ تعالیٰ کی اطاعت وانقیاد' تسلیم و رضا' اللہ تعالیٰ سے گرویدگی و شیفتگی' اللہ تعالیٰ کی راہ میں سرفروشی و جاں بازی' جہاد فی سبیل اللہ کی جو صورت ہو علماً وعملاً' باللسان بالسیف' زبان سے مخلوق کے حقوق کی کماحقہٗ ادائی یہ سب امور عبادت اور الخیرات میں داخل ہیں۔ عبادت اور الخیرات میں حسن وخوبی پیدا ہو جانا کمالِ ایمان اور سراپا دعا و سراپا عبادت ہو جانا کمال بندگی ہے۔ مختصر یہ کہ ان لوگوں کی یہ حالت تھی کہ آیات اللہ کا مشاہدہ ان کو آستانۂ رب پر تضرع و زاری کے ساتھ سجدہ ریز رکھتا تھا۔ "اِذَا تُتْلٰى عَلَيْهِمْ اٰيٰتُ الرَّحْمٰنِ خَرُّوْا سُجَّدًا وَّبُكِيًّا" (سورہ مریم:58) ترجمہ: (جب ان کے سامنے اللہ رحمٰن کی آیتیں پڑھی جاتی تھیں تو وہ سجدہ کرتے ہوئے روتے ہوئے زمین پر گر جاتے تھے۔) اس آیتِ کریمہ میں الرحمٰن کا لفظ بتلاتا ہے کہ اللہ تعالیٰ کے اسم حسن "الرحمٰن" کا اثر و فیضان جس سے انسان اور عالم کا ذرہ ذرہ فیض یاب ہے، انبیاء علیہم السلام جن کو صدیق و مقرب فرمایا گیا ہے۔ ان کے علوم کا بنیادی و خصوصی شعبہ ہے اسی لئے یہ تاکید فرمائی کہ "الرحمٰن" کو کسی جاننے والے سے پوچھو۔ "اَلرَّحْمٰنُ فَسْئَلْ بِهٖ خَبِيْرًا" (سورہ الفرقان:59) یعنی رحمانیت کی تحقیق کرو، یہ معلوم کرو کہ رحمانیت کیا ہے۔ اسی سے قرب وصدیقیت کا مقام حاصل ہو سکتا ہے۔

رحمانیت کی مختصر تشریح

انسان کی پیدائش' انسان کے لئے کائنات کی پیدائش' انسان کی بقاء و حیات ونشو و نما کے لئے گوناگوں اشیاء کی پیدائش۔ ان اشیاء میں حرکت' ان کے آثار و خواص' ان میں باہم توافق' انسان میں سمع و بصر' عقل و تمیز کی قوت' تصرف واختیار' سعی و محنت کا ملکہ' اشیاء اور ان کے آثار و خواص کا علم' ان کے استعمال کا طریقہ بتلانا اور غلط وصحیح استعمال کے مفید و مضر نتائج سے باخبر کرنا' انسان کی فلاح کے لئے دینِ حق نازل کرنا' انبیاء علیہم السلام کو مبعوث کرنا' دین ونعمت کو کامل و تمام کرنا' ایک آخری نبی کو بھیجنا' قیامت تک کتاب وسنت کی تعلیم کی حفاظت کا انتظام کرنا' انسان کو سعی و محنت کا عارضی وابدی بدل عطا کرنا' اہلِ ایمان کو صلاح وہدایت کی توفیق اور نافرمانوں کو گمراہی میں مبتلا رکھنا' زمین و خشکی وجاذبیت' پانی میں برودت وروانی' آگ میں گرمی واحتراقیت' ہوا میں فرحت وسرعت' پرندوں میں پرواز وغیرہ وغیرہ اور پرسشِ اعمال کے لئے یومِ حساب' یومِ قیامت مقرر کرنا' جزائے اعمال کے لئے عالمِ جزاء "الجنۃ والجحیم" پیدا کرنا' یہ سب رحمانیت کا فیض واثر ہے۔ جو باذنِ الٰہی ہر آن جاری وساری ہے۔ تمام اسمائے الٰہی جن کا تعلق انسان کی پرورش وحفاظت وعمل و بدلِ عمل سے ہے وہ سب "الرحمن" ہی کے شعبے ہیں اور عفو ومغفرت اور رحمتِ خصوصی کا تعلق اسم "الرحیم" سے ہے۔ رحمانیت ورحیمیت ہی سے تمام عالموں کی پرورش ہو رہی ہے۔ اسی لئے فرمایا جو رب العالمین ہے وہی الرحمٰن الرحیم ہے۔ "اَلْحَمْدُ لِلّٰهِ رَبِّ الْعٰلَمِيْنَ ۝ اَلرَّحْمٰنِ الرَّحِيْمِ" (سورہ فاتحہ:1-2)۔ غرض حیات وممات سعی وعمل کی یہ تمام ہنگامہ آرائی' جزائے اعمال کا عالمِ آخرت' حیات بعد الموت' اللہ تعالیٰ ہی کے اسمائے حسن "اَلرَّحْمٰنِ الرَّحِيْمِ" کے فیضان (قانون) وآثار سے وابستہ ہے۔ چنانچہ عرشِ الٰہی جہاں سے احکامِ الٰہی صادر ہوتے ہیں۔ اس کا ذکر "اَلرَّحْمٰنِ" ہی کے ساتھ ہے۔ "اَلرَّحْمٰنُ عَلَى الْعَرْشِ اسْتَوٰى" (طٰہٰ:5) قیامت کا دن جو پرسشِ اعمال کا دن ہے اس دین "الرحمٰن" ہی کی حکومت ہوگی۔ "اَلْمُلْكُ

یَوْمَئِذٍ الْحَقُّ لِلرَّحْمٰنِ "(سورہ الفرقان:26) رحمانیت ہی کی یہ شان بھی بیان فرمائی کہ جو لوگ رحمانیت کو نہیں مانتے شیطان ان کا دوست اور ہم نشین بنادیا جاتا ہے۔ "وَمَنْ يَّعْشُ عَنْ ذِكْرِ الرَّحْمٰنِ نُقَيِّضْ لَهٗ شَيْطٰنًا فَهُوَ لَهٗ قَرِيْنٌ" (سورہ الزخرف:36) ترجمہ: (جو شخص الرحمٰن کی نصیحت سے اندھا بن جائے ہم اس پر شیطان کو مسلط کر دیتے ہیں جو ہر وقت اس کے ساتھ رہتا ہے) نظام کائنات پر نظر ڈالنے سے یہی حقیقت واضح ہوتی ہے کہ سارے عالم میں محبت ہی کارفرما ہے۔ ایک قانونِ کشش تمام عالم میں جاری و ساری ہے۔ ہر شئے انسان کی طرف کھنچی چلی آرہی ہے اور ہر شئے کو انسان اپنی طرف کھینچ رہا ہے۔ یہ باہمی جذب و کشش ساری مخلوقات میں یکساں بلا خلل نمایاں ہے جو رحمانیت ہی کا کرشمہ ہے۔ "مَا تَرٰى فِيْ خَلْقِ الرَّحْمٰنِ مِنْ تَفٰوُتٍ" (سورہ الملک:3)۔ رحمانیت کے یہ چند وہ رموز و نکات ہیں جن سے انبیاء علیہم السلام پوری طرح باخبر ہوتے تھے جس کی وجہ سے ان کے دل میں اللہ تعالیٰ کا ڈر بھی زیادہ ہوتا تھا اور اللہ جل شانہٗ سے محبت و گرویدگی بھی۔ اس لئے انبیاء علیہم السلام کو "خاشعین" بھی فرمایا اور "عابدین" بھی۔ عبادت جو بظاہر عبد و رب کا ایک شرعی و غائبانہ تعلق سمجھا جاتا ہے، وہ حقیقتاً عبد و رب کا ایک خفی و حضوری تعلق ہے۔ اس تعلق کے اظہار کی ایک جامع صورت "الصلوٰۃ" (نماز) ہے۔ بندہ جو محتاجِ رحمت ہے اس کو اپنے رب "رحمن و رحیم" سے ہر وقت عارضی و ابدی و خصوصی رحمت طلب کرتے رہنے کا جو طریقہ اللہ "رحمن و رحیم" نے سکھایا ہے وہ نماز ہی ہے۔ یہی انبیاء علیہم السلام کا خصوصی عمل ہے۔ "وَاَوْحَيْنَآ اِلَيْهِمْ فِعْلَ الْخَيْرٰتِ وَاِقَامَ الصَّلٰوةِ" (سورہ الانبیاء:73) ترجمہ: (اور ہم نے ان کے پاس نیک کام کرنے اور نماز کی پابندی (یعنی نماز قائم کرنے) کا حکم بھیجا۔) حضرت ابراہیم علیہ السلام اپنے لئے اور اپنی اولاد کے لئے پابندی نماز و استقامتِ نماز کی دعا فرماتے ہیں۔ "رَبِّ اجْعَلْنِيْ مُقِيْمَ الصَّلٰوةِ وَمِنْ ذُرِّيَّتِيْ" (سورہ ابراہیم:40) ترجمہ: (اے ہمارے پروردگار مجھے اور میری اولاد کو نماز قائم کرنے والا بنادیجئے) موسیٰؑ کو حکم دیا گیا "وَاَقِمِ الصَّلٰوةَ لِذِكْرِيْ" (سورہ طٰہٰ:14) ترجمہ: (نماز قائم کرو میری یاد (ڈر و تقویٰ) کے لئے) عیسیٰؑ فرماتے ہیں کہ "وَاَوْصٰنِيْ بِالصَّلٰوةِ وَالزَّكٰوةِ مَا دُمْتُ حَيًّا" (سورہ مریم:31) ترجمہ: (اللہ تعالیٰ نے مجھ کو نماز اور زکوٰۃ کی نصیحت فرمائی جب تک میں زندہ ہوں۔) نبی کریم صلی اللہ علیہ وسلم کو تاکید فرمائی گئی کہ اپنے متعلقین کو نماز کی تاکید کرتے رہیئے اور خود بھی اس کی پابندی کیجئے۔ "وَاْمُرْ اَهْلَكَ بِالصَّلٰوةِ وَاصْطَبِرْ عَلَيْهَا" (سورہ طٰہٰ:132)۔ اور ایک زائد عبادت جو آپؐ پر فرض کی گئی وہ بھی نماز تہجد ہے۔ "وَمِنَ الَّيْلِ فَتَهَجَّدْ بِهٖ نَافِلَةً لَّكَ" (سورہ اسریٰ:79)۔ صحابہ کرامؓ کے جو اوصاف بیان کئے گئے ہیں ان میں پہلے نماز ہی کا ذکر ہے۔ "تَرٰىهُمْ رُكَّعًا سُجَّدًا يَّبْتَغُوْنَ فَضْلًا مِّنَ اللّٰهِ وَرِضْوَانًا سِيْمَاهُمْ فِيْ وُجُوْهِهِمْ مِّنْ اَثَرِ السُّجُوْدِ" (سورہ الفتح:29) ترجمہ: (تم ان کو رکوع و سجدہ میں دیکھو گے اللہ تعالیٰ کے فضل و رحمت کے جو یجود کے آثار بوجہ تاثیر سجدہ ان کے چہروں پر نمایاں ہیں) اہلِ علم کا خاص عمل جو وہ لوگوں کی نظروں سے چھپا کر رات میں کیا کرتے تھے، نماز ہی ہے۔ "اَمَّنْ هُوَ قَانِتٌ اٰنَآءَ الَّيْلِ سَاجِدًا وَّقَآئِمًا يَّحْذَرُ الْاٰخِرَةَ وَيَرْجُوْا رَحْمَةَ رَبِّهٖ ۚ قُلْ هَلْ يَسْتَوِي الَّذِيْنَ يَعْلَمُوْنَ وَالَّذِيْنَ لَا يَعْلَمُوْنَ" (سورہ الزمر:9) ترجمہ: (کیا جو شخص اوقاتِ شب میں سجدہ و قیام کی حالت میں عبادت کر رہا ہو، آخرت سے ڈر رہا ہو، اپنے رب کی رحمت کا امیدوار ہو۔ پوچھئے کیا اہلِ علم اور جاہل برابر ہو سکتے ہیں) یعنی اہلِ علم وہی ہیں جن کا خصوصی شغل نماز ہے اور جو انجامِ آخرت سے ڈرتے ہیں اور رحمتِ ربّ کے امیدوار رہتے ہیں۔

(ماخوذ: رہنمائے فطرت، ص:۱۴۷-۱۵۲)

☆☆☆

مفتی امداد الحق بختیار قاسمی۔ استاذ حدیث و عربی ادب دار العلوم حیدر آباد

نیکیوں کا موسم بہار

رمضان المبارک کی منصوبہ بندی، کیوں اور کیسے؟

بے شمار برکتوں اور رحمتوں کا مہینہ، لاتعداد بندوں کی مغفرت اور جہنم سے نجات کا مہینہ، غم خواری اور ہمدردی کا مہینہ، جہنم کے بند ہونے اور جنت کے کھلنے کا مہینہ، یعنی رمضان مقدس کی مہینہ آمد آمد ہے، ایسا مہینہ جس کا ایک ایک سیکنڈ انمول ہے، ایسا مہینہ جس کا دن بھی عبادتوں سے لبریز اور جس کا دن بھی عبادت اور تلاوت سے پُر نور ہے، ایسا مہینہ جس میں ذرا سی غفلت بھاری نقصان کا سبب ہوسکتی ہے؛ کیوں کہ یہ کمائی (Earning) کا ایسا موسم ہے، جس میں محنت کرنے والوں کو پورا پورا حق اور بہترین اور بڑا معاوضہ دیا جاتا ہے۔

اس لیے اس مہینہ کی ایسی پلاننگ کرنا، ایسا نظام بنانا کہ اس کا کوئی وقت اور حصہ ضائع نہ جائے، بہت ضروری ہے؛ کیوں کہ جیسا یک کامیاب تاجر سیزن (Season) آنے سے تین چار مہینہ پہلے ہی اپنی تجارت کی مکمل منصوبہ بندی کرتا ہے، جیسے مال کہاں سے لانا ہے، کہاں سپلائی کرنا ہے، لیبرس (Labors) کو کیسے ہائر (Hire) کرنا ہے؛ چنانچہ جو یہ سب تیاری کر لیتا ہے، وہ سیزن آنے پر اپنی تجارت سے بھرپور نفع کماتا ہے۔ اسی طرح ایک کسان بھی ایسا ہی کرتا ہے، کسی بھی فصل کے موسم سے دو تین مہینہ پہلے سے ہی زمین کی تیاری شروع کرتا ہے، بیج (Seed) فراہم کرتا ہے، سنچائی کا انتظام کرتا ہے؛ تاکہ عین سیزن کے آنے کے وقت ہر چیز (Intact) رہے اور سیزن سے وہ فائدہ اٹھائے۔

لہٰذا رمضان المبارک جو نیکیوں، برکتوں، رحمتوں، عبادتوں، تلاوت، اور مغفرت وغیرہ کا سیزن ہے، اللہ تعالیٰ کی طرف سے بلا حساب و کتاب یہ تمام نعمتیں اطاعت گزار بندوں کو عطا کی جاتی ہیں، ہمیں بھی اس ماہ کی آمد سے قبل، ان تمام نعمتوں کو بھرپور طریقے سے حاصل کرنے کے لیے پوری تیاری اور پلاننگ کرنی چاہیے؛ تاکہ ہمارے حصے میں یہ نعمتیں زیادہ سے زیادہ آسکیں اور ہم خدانخواستہ اس ماہ کے محرومین میں سے نہ ہو جائیں، اس کے لیے ہمیں بالترتیب درج ذیل کام کرنے چاہیے:

رمضان کی آمد کا اشتیاق اور اس کی دعا

اس کے لیے سب سے پہلے ہمارے اندر رمضان کی تڑپ اور اس کا اشتیاق ہونا چاہیے، جس کی ظاہر علامت یہ ہے کہ ہم رمضان کے انتظار میں ایک ایک دن شمار کرنے والے اور اہتمام سے کیلنڈر دیکھنے والے ہوں، جس طرح ہم کسی سفر یا اپنی کسی تقریب کی تاریخ کے انتظار میں رہتے ہیں، رسول اللہ ﷺ کی مبارک زندگی میں ہمیں یہ نمونہ ملتا ہے، نبی ﷺ کا ارشادِ پاک ہے:

عَنْ أَبِي هُرَيْرَةَ قَالَ: قَالَ رَسُولُ اللَّهِ صلى الله عليه وسلم: "أَحْصُوا هِلَالَ شَعْبَانَ لِرَمَضَانَ" (سنن الترمذی، بَابُ مَا جَاءَ فِي لَيْلَةِ النِّصْفِ مِنْ شَعْبَانَ، 739)
ترجمہ: رمضان کی آمد کے لیے شعبان کے مہینہ کے چاند (کی تاریخوں) کو شمار کرو۔

اسی طرح رمضان جیسا عظیم مہینہ پانے کے لیے دعاؤں کا اہتمام کریں، نبی کریم ﷺ سے درج ذیل دعائیں منقول ہیں:

"اللَّهُمَّ بَارِكْ لَنَا فِي رَجَبٍ وَشَعْبَانَ، وَبَلِّغْنَا رَمَضَانَ" (الدعاء للطبرانی، باب القول عند دخول رجب، 911) ترجمہ: اے اللہ! برکت عطا فرما ہمارے لیے رجب اور شعبان کے مہینہ میں اور ہمیں رمضان تک پہنچا۔ عَنْ مَكْحُولٍ، أَنَّهُ كَانَ يَقُولُ إِذَا دَخَلَ رَمَضَانُ: "اللَّهُمَّ سَلِّمْنِي لِرَمَضَانَ، وَسَلِّمْ رَمَضَانَ لِي، وَتَسَلَّمْهُ مِنِّي مُتَقَبَّلًا" (الدعاء للطبرانی، باب القول عند دخول رمضان، 913) سنده حسن. ترجمہ: اے اللہ ہمیں رمضان کے لیے صحیح سلامت رکھ اور رمضان کو ہمارے لیے سلامت رکھ، اور ہماری طرف سے رمضان (کی عبادتوں) کو قبول فرما۔

اپنا جائزہ اور رمضان سے متعلق آیات واحادیث ترجمہ کے ساتھ پڑھنا

رمضان کی پلاننگ میں سب سے پہلے اپنا جائزہ (Introspection) لیں، کہ ہماری زندگیوں کی حالت کیا ہے، ہم روحانی، ایمانی اور اسلامی طور پر کہاں کھڑے ہیں۔ اسلام کے لیے ہمارا کتنا کمٹمنٹ (Commitment) ہے، دین سے کتنی واقفیت ہے، قرآن ہم کتنا جانتے ہیں؟ رمضان کے بارے میں ہماری معلومات کتنی ہے؟ چنانچہ ہم رمضان سے پہلے رمضان کے متعلق قرآن میں جتنی آیتیں ہیں، ان کا ترجمہ کے ساتھ مطالعہ کریں، رمضان سے متعلق جتنی صحیح احادیث ہیں، ہم ان کو ترجمہ ساتھ پڑھیں، تاکہ ہمیں رمضان کی صحیح قدر وقیمت معلوم ہو سکے، اگر ہمیں رمضان المبارک کے بارے میں ہی معلوم نہ ہوگا، تو پھر ہم اس سے کیسے فائدہ حاصل کر سکتے ہیں؟ روزہ کے احکام وفضائل کیا ہیں، سحر وافطار کے فضائل اور ثواب کیا ہیں، تراویح کا ثواب کیا ہے، وغیرہ وغیرہ۔۔؟

اسی طرح اپنے مزاج اور اخلاق کے احتساب کی ضرورت ہے، اس مہینہ میں اخلاق اور مزاج کی تربیت ہوتی ہے، لہذا ہمیں جائزہ لینا چاہیے کہ ہم اخلاقی طور پر کس لیول (Level) پر ہیں۔

نظام الاوقات بنانے کی ضرورت

اسی طرح منصوبہ بندی کے حوالے سے نظام الاوقات اور ٹائم منیجمنٹ (Time Management) کی ضرورت ہے، رمضان المبارک میں ہم اپنا نظام اس طرح بنائیں کہ زیادہ سے زیادہ وقت ہم عبادت میں گزاریں اور اپنی نیکیوں میں اضافہ کرسکیں، روحانیت میں اضافہ کرسکیں۔ خاص طور پر ہماری خواتین کا بڑا وقت عام طور پر کچن میں لگ جاتا ہے، لہذا اس کی پہلے سے اگر وہ صحیح منصوبہ بندی کرلیں، سحری اور افطار کا مینو (Menu) پہلے سے بنالیں، اس کے

ضروری لوازمات اور اشیاء پہلے سے انتظام کرلیں اور ٹائم کے ساتھ ساری چیزوں کا اہتمام کرلیں توان کا کافی وقت بچ سکتا ہے۔ اسی طرح کی عید کی شاپنگ کے نام پر ہمارا اور ہماری خواتین کا قیمتی وقت بازاروں کی نذر ہو جاتا ہے، کیا اچھا ہوتا کہ رمضان سے پہلے ہی ان سب ضروری چیزوں کی خریداری کرلی جاتی۔

طلبہ اور نوجوان حضرات سونے کا وقت متعین نہیں کرتے، ان کے سونے کا وقت طویل ہو جاتا ہے، جب کہ (6-8) گھنٹے کی نیند جسم اور صحت کے لیے کافی ہے، لہٰذا اگر وہ سونے کے اوقات متعین کرلیں، تو باقی سولہ گھنٹے کی وہ تعلیم کے ساتھ منصوبہ بندی کر سکتے ہیں۔

روحانی ترقی کے لیے تیاری

یہ مہینہ روحانی ترقی (Spiritual Development) کا موسم ہے، یہ روحانی ترقی کا زمانہ ہے، گیارہ مہینوں کی کمی پوری کرنا، روزہ، قرآن، نماز یہ سب روحانی ترقی کا زینہ ہیں، دعاؤں کی تیاری ہو، دعاؤں کی کتابوں کا انتظام پہلے سے کرلیں، ان سب سے سپرچول ڈویلپمنٹ ہوگا۔ اسی طرح روحانی ترقی کے لیے ضروری ہے کہ رمضان سے قبل ہی حقوق واجبہ ادا کردیں، کسی کا قرض لیا ہے، تو اسے واپس کردیں، کسی کا پیمنٹ (Payment) باقی ہے، تو اسے پے (Pay) کردیں، کسی کی کوئی اور چیز ہمارے پاس ہو یا ہمارے ذمہ میں ہو، جیسے کسی کا مکان، دوکان، زمین وغیرہ ہو، تو اسے واپس کردیں، کسی کو تکلیف پہنچائی ہے، کسی کو برا بھلا کہا ہے، کسی کو طعنہ دیا ہے، تو اس سے معافی تلافی کر لیں۔ یاد رکھیں! کہ اگر کوئی شخص ساری رات تہجد پڑھے، دن بھر روزے رکھے، لیکن دوسروں کا دل دکھائے، تو اس کو اللہ تعالیٰ کی رضا حاصل نہیں ہوسکتی، ایک روایت میں ہے کہ ایک عورت کے بارے میں رسول اللہ ﷺ کے سامنے بیان کیا گیا کہ وہ دن میں روزے رکھتی ہے اور رات بھر تہجد پڑھتی ہے، لیکن پڑوسیوں کو تکلیف پہنچاتی ہے تو رسول اللہ ﷺ نے فرمایا کہ وہ جہنمی ہے۔ (مسند احمد 9298)

حقوق اللہ سے متعلق جو کمی اور کوتاہی ہوئی، ان سب کو پورا کرلیں، نمازیں قضا ہوں، تو وہ ادا کرلیں، روزے قضا ہوں تو انہیں رکھ لیا جائے، اماں عائشہ کہتی ہیں کہ ہم رسول اللہ ﷺ کے زمانہ میں قضاء روزہ شعبان میں پورے کرتے تھے۔

نیز رمضان سے پہلے سچی پکی توبہ کر کے، اپنے آپ کو پاک وصاف کرلیں، اللہ تعالیٰ کی بارگاہ میں حاضر ہوکر، روئیں، گڑگڑائیں، تمام گناہوں کے چھوڑنے کا عہد کریں، دوبارہ نہ کرنے کا عزم کریں، اور ان گناہوں پر اپنی شرمندگی اور غلطی کا اظہار کرتے ہوئے، اللہ کے حضور میں خوب روئیں، ان شاء اللہ، اللہ تعالیٰ ہمارے تمام گناہ معاف کردے گا۔

اپنی شخصیت میں مثبت تبدیلی لانے کی کوشش

اپنی شخصیت میں تبدیلی لانے، یعنی (Self Improvement-) کی فکر کریں، اپنے اخلاق کی درستگی کی طرف توجہ کریں، جیسے حدیث میں آتا ہے کہ کوئی روزہ کی حالت میں جھگڑا کرے، تو اس سے لڑے نہ؛ بلکہ کہہ دے میرا روزہ ہے۔ یعنی رمضان میں اپنے غصہ پر قابو کرنے کی مشق کرنی ہے اور ارادہ رکھنا ہے کہ رمضان کے بعد بھی یہ نہیں کرنا ہے۔

روزہ کی حالت میں جھوٹ بولنے کی ممانعت ہے؛ لہٰذا

اپنی زبان کی نگرانی کرنا نہایت ضروری ہے، اسی طرح رمضان کے مہینہ میں اپنے ماتحتوں کے ساتھ نرمی کے برتاؤ کی ہدایت ہے، یہ تمام کام ہماری شخصیت کے ڈویلپمنٹ (Personality Development) کے لیے ہے، یہ پرسنالٹی کا گروتھ (Personality Growth) ہے۔ اسی طرح اس ماہ مبارک میں ہم اپنے ایموشنس (Emotions) کو کنٹرول (Control) کریں، اپنے ریلیشن شپس (Relationship) کو بہتر بنانے کی فکر کریں۔

کیمونیٹی ڈویلپمنٹ (Community Development) پر بھی توجہ دینے کی ضرورت ہے، رمضان مواسات اور غم گساری کا مہینہ ہے، امت مسلمہ کی صورت حال یہ ہے کہ ہماری ایک بڑی آبادی غربت سے جوجھ رہی ہے، سلمس (Slums) علاقوں میں جا کر غربت اور افلاس کی حقیقت دیکھ سکتے ہیں، کتنے بچے ہیں جو اسکول کی فیس نہیں دے سکتے۔ کتنی خواتین غربت کی وجہ سے برائیوں میں مبتلا ہیں۔ وہاں غربت نے ڈیرے ڈال رکھے ہیں۔ یہ ہماری ذمہ داری ہے کہ امت مسلمہ کی معاشی اور اخلاقی صورت حال کو بہتر بنائیں اور اس کی منصوبہ بندی کریں۔

روحانی ترقی میں موبائل فون کی رکاوٹ

موبائل فون اور ٹی وی کے استعمال پر کنٹرول کریں، یہ ایک اڈکشن (Addiction) ہے، یہ ایک بیماری ہے، یہ ایک اضطراری کیفیت ہے؛ لہٰذا ان کے اوور یوسیز (Over Uses) پر اسٹاپ لگائیں، بہت افسوس ہوتا ہے کہ رمضان کے مہینہ میں بھی یہ شیطانی ڈوائس (Device) ہمارے ساتھ لگی رہتی ہے، ہم مسجد میں بھی اس کی اسکرین سے نگاہیں نہیں ہٹا پاتے، روزہ کاٹنے کا کھلونہ اس کو بنا رکھا ہے، ہماری بعض خواتین موبائل اور ٹی وی پر روزہ کے اوقات گزارتی ہیں اور رمضان کی رحمتوں کی شب کے قیمتی اوقات ضائع کرتی ہیں، جس کی نحوست سے اللہ تعالیٰ کی طرف سے آنے والے رحمتیں اور عنایتیں بھی واپس ہو جاتی ہیں۔

ان کے الطاف تو ہیں عام شہیدی سب پر
تجھ سے کیا ضد تھی اگر تو کسی قابل ہوتا

آخری بات، ہماری زندگی میں متعدد رمضان آتے جاتے ہیں؛ لیکن نہ ہماری روحانیت میں اضافہ ہوتا ہے، نہ اللہ تعالیٰ کے ساتھ تعلق مضبوط ہوتا ہے، نہ بری عادتیں چھوٹتی ہیں، نہ گناہ چھوٹتے ہیں، نہ نمازوں کی پابندی ہو پاتی ہے، ایسا کیوں ہو رہا ہے؟ کیوں کہ ہم نے یہ تمام رمضان تیاری اور منصوبہ بندی کے بغیر گزار دیے؛ لہٰذا رمضان آیا اور گیا اور ہم جہاں تھے وہیں رہے، ہمارے اندر کوئی تبدیلی نہ آسکی، ہم رمضان سے صحیح طریقہ پر مستفید نہیں ہو سکے؛ لہٰذا ضرورت ہے، اس بات کی کہ ہم رمضان کی آمد سے پہلے اس کی پوری پلاننگ کریں، نظام الاعمال بنائیں، اس مہینہ کی شب و روز کی ترتیب بنائیں؛ کیوں کہ کامیاب اور ہوشیار بندہ مومن وہی ہے، جو رمضان کے آنے کے بعد منصوبہ بندی نہیں کرتا؛ بلکہ پہلے سے اس کی تیاری کرتا ہے اور اس کے اعتبار سے رمضان المبارک گزار کر اور زیادہ سے زیادہ سے وقت عبادت اور تلاوت وغیرہ میں صرف کر کے رمضان کی خیرات و برکات، رحمت و مغفرت سے مالا مال ہو جاتا ہے۔

☆☆☆

مفتی محمد زاہد ناصری القاسمی- مدرسہ صفۃ الصحابہ، شاہین نگر، حیدرآباد

ماہ رمضان اور نظام عمل!

رمضان المبارک کی آمد آمد ہے۔ اس کی ابتدا چاند رات سے ہو جاتی ہے۔ قرآن وسنت کے مطابق اس میں ایک رات ہے، جو ہزار مہینوں سے بہتر ہے، اسی میں قرآن کریم کا نزول ہوا۔ اس کے روزے فرض ہیں اور تراویح مسنون، نیز اس مہینے میں تمام نیک کاموں کا اجر وثواب عام مہینوں کے مقابلے میں زیادہ ملتا ہے اور ہر برے کام کی قباحت وشناعت بھی بڑھ جاتی ہے؛ اس لیے اس کی قدر کریں، گناہوں سے دور رہیں اور نیکیوں کا خوب اہتمام کریں، رمضان ماہ صیام ہے؛ لہٰذا پورے مہینے پابندی کے ساتھ روزہ رکھیں، بلا عذر ایک بھی روزہ نہ چھوڑیں، اگر کبھی روزہ چھوڑنے، یا توڑنے کی نوبت آجائے تو پہلے کسی مفتی صاحب، یا عالم صاحب سے مسئلہ دریافت کرلیں۔ تراویح کا مہینہ بھی رمضان ہی ہے؛ لہٰذا تراویح بھی پورے مہینے پڑھنے کا اہتمام کریں، اگر تراویح میں مکمل قرآن کریم سننے کا موقع مل جائے تو بہت اچھی بات ہے، ورنہ سورہ تراویح پڑھ لیا کریں۔ مرد حضرات فرائض، تراویح اور وتر کی نماز مسجد میں جماعت کے ساتھ ادا کریں اور خواتین اپنے گھروں میں تنہا پڑھیں؛ چوں کہ وقت بہت قیمتی چیز ہے، خاص طور سے رمضان کا تو اور بھی زیادہ کہ وہ گیارہ مہینوں کے انتظار کے بعد آتا ہے؛ اس لیے ہم اپنے وقت کی حفاظت کریں، اسے فضول کاموں اور بے فائدہ باتوں میں ضائع نہ کریں؛ کیوں کہ صحیح سند کے ساتھ رسول اللہ صلی اللہ علیہ وسلم کا مبارک فرمان ہے کہ آدمی کے اچھا مسلمان بننے کے لیے ضروری ہے کہ وہ لایعنی افعال واقوال کو چھوڑ دے، "مِنْ حُسْنِ إِسْلَامِ الْمَرْءِ تَرْكُهُ مَا لَا يَعْنِيهِ" (جامع ترمذی، حدیث نمبر: 2317)؛ لہٰذا بہتر ہوگا کہ ہم اس ماہ مبارک میں اپنے بیش قیمت وقت کی حفاظت اور اس کے صحیح استعمال کے لیے اپنا نظام کچھ اس طرح بنالیں کہ چوبیس گھنٹوں میں سے چھ گھنٹے سونے اور بقیہ اٹھارہ گھنٹے عبادتوں، تعلیم وتعلم اور کاروبار زندگی کے لیے مختص کرلیں:

روزانہ مغرب کے وقت بالترتیب تین رکعت فرض، دو رکعت سنت مؤکدہ اور دو رکعت نفل نماز پڑھنے کے بعد، دو دو کرکے چھ رکعت اوابین بھی پڑھ لیں۔ مغرب اور عشاء کے دوران سورۂ واقعہ کی تلاوت مسنون ہے، اس سے آدمی فقر وفاقہ سے محفوظ رہتا ہے؛ اس لیے اس کی تلاوت بھی کرلیں۔ پھر اگر مناسب سمجھیں تو عشا سے پہلے ہی رات کے کھانے سے فارغ ہو جائیں۔ پھر عشاء کے وقت بالترتیب چار رکعت سنت غیر مؤکدہ، چار رکعت فرض، دو رکعت سنت مؤکدہ، دو رکعت نفل، بیس رکعت تراویح، تین رکعت وتر اور دو رکعت نفل نماز پڑھ لیں۔ اس کے بعد اگر کھانے سے فارغ نہیں ہوئے ہیں تو کھانے سے اور بعدہ چہل قدمی سے فارغ ہوکر سنت کے مطابق سو جائیں، وہ اس طور پر کہ سونے سے پہلے بستر کو جھٹک لیں، اگر وضو نہ ہو تو وضو کرلیں، پھر سورۂ الم السجدہ، جو اکیسویں پارے میں ہے، سورۂ ملک، جو انتیسویں پارے کی پہلی سورت ہے، نیز آیۃ الکرسی، سورۂ بقرہ کی آخری دو آیتیں اور سورۂ آل عمران کی آخری دس آیتیں پڑھ لیں، پھر دعا کی طرح دونوں ہاتھ اٹھا کر سورۂ اخلاص، سورۂ فلق، سورۂ ناس

اور سورۂ فاتحہ پڑھ کر اور دونوں ہاتھوں کی ہتھیلیوں پر تھُک تھُکا کر ہاتھوں کو سر سے پاؤں تک پھیر لیں، واضح رہے کہ یہ عمل تین مرتبہ کرنا ہے، اس کے بعد سورۂ کہف کی آخری دو آیتیں اور سونے کی دعا پڑھ کر یہ نیت کرتے ہوئے سو جائیں کہ مثلاً فجر سے دو گھنٹے پہلے اٹھنا ہے، تو ان شاء اللہ نیت کے مطابق وقت پر آنکھیں کھل جائیں گی۔ پھر جب سو کر اٹھیں تو سو کر اٹھنے کی دعا پڑھ لیں اور اہلِ خانہ میں سے اب تک جو بیدار نہیں ہوئے ہیں انھیں بھی جگا دیں۔ وضو کر لیں اور وقت کے حساب سے چار، چھ، یا آٹھ رکعت تہجد کی نماز پڑھ لیں۔ اس کے بعد رو رو کر اور رونا نہ آئے تو رونے جیسی صورت بنا کر خوب دعائیں مانگیں۔ پھر سحری سے فارغ ہو جائیں، واضح رہے کہ وقت کے اندر آخری وقت میں سحری افضل ہے۔ پھر نماز فجر تک درود شریف، آیت کریمہ، کلمۂ تمجید (تیسرا کلمہ) اور استغفار کم سے کم سو سو مرتبہ پڑھ لیں، اگر اس وقت نہ ہو سکے تو کسی اور وقت یہ تعداد پوری کر لیں، پھر فجر کے وقت بالترتیب دو رکعت سنتِ مؤکدہ اور دو رکعت فرض نماز ادا کر لیں، اس کے بعد اشراق تک تلاوتِ قرآن میں مصروف رہیں۔ وہ مرد و خواتین، جو حافظ قرآن نہیں ہیں، یہ کوشش کریں کہ روزانہ کم از کم ایک پارہ تلاوت کر لیں؛ تاکہ پورے رمضان میں ایک ختم ہو جائے۔ اشراق کا وقت شروع ہونے کے ساتھ ہی دو دو کر کے چار رکعت اشراق کی نماز پڑھ لیں، اس کے بعد تین گھنٹے سو جائیں، پھر سو کر اٹھنے کے بعد زوال کے وقت سے بیس منٹ پہلے تک دو دو کر کے چار رکعت چاشت کی نماز سے فارغ ہو جائیں۔ ظہر کے وقت بالترتیب چار رکعت سنت مؤکدہ، چار رکعت فرض، دو رکعت سنت مؤکدہ اور دو رکعت نفل نماز، نیز عصر کے وقت چار رکعت سنت غیر مؤکدہ اور چار رکعت فرض نماز ادا کر لیں۔ پھر افطار کی تیاری میں لگ جائیں؛ لیکن اس میں زیادہ وقت صرف نہ کریں، افطار سے پہلے کی دعائیں بھی قبول ہوتی ہیں؛ لہٰذا اس وقت بھی دعاؤں کا خوب اہتمام کریں اور وقت ہو جانے کے بعد افطار میں جلدی کریں، بلاوجہ دیر نہ کریں، نیز پورے مہینے حسب سہولت و موقع صدقات و خیرات کا بھی اہتمام کریں!

یہ بات بھی ذہن میں رکھیں کہ مذکورہ بالا تمام کام ہمیں اخلاص اور رضائے الٰہی کے جذبے کے ساتھ کرنا ہے اور اس دوران جو بھی تکلیفیں پیش آئیں گی انھیں برداشت بھی کرنا ہے؛ کیوں کہ اللہ تعالیٰ نیک کام کرنے والوں کے ساتھ ہیں، وہ ہمارے جہد و مشقت کی وجہ سے ہمیں اپنے سیدھے راستوں پر چلائیں گے، جن کی بنا پر ہمیں دونوں جہاں میں کامیابی حاصل ہوگی: "وَالَّذِينَ جَاهَدُوا فِينَا لَنَهْدِيَنَّهُمْ سُبُلَنَا وَإِنَّ اللَّهَ لَمَعَ الْمُحْسِنِينَ" (العنکبوت:69) اور جیسا کہ ہمیں معلوم ہے کہ نیکی کرنا اور گناہوں سے بچنا، یہ سب اللہ پاک کی توفیق اور نصرت پر منحصر ہے، بقول جگر: اللہ اگر توفیق نہ دے انسان کے بس کا کام نہیں؛ لہٰذا اس سے توفیق، آسانی اور قبولیت کی دعائیں بھی کرتے رہیں، خاص طور پر پوری دنیا میں اسلام اور مسلمانوں کے غلبے، اکمل ایمان پر حسن خاتمے، کثرت کے ساتھ جنت کی طلب اور دوزخ سے نجات کی دعائیں کی جائیں؛ کیوں کہ ارشاد خداوندی ہے: "مجھ سے دعائیں مانگو، میں تمہاری دعاؤں کو قبول کروں گا۔" (سورۂ غافر:60)

امید ہے کہ ان شاء اللہ اس طرح ہم لوگ ماہ مبارک کی رحمتیں، برکتیں اور سعادتیں حاصل کرنے میں کامیاب ہو جائیں گے اور ہمارا شمار محرومین میں نہیں ہوگا۔ اللہ تعالیٰ ہم تمام مسلمانوں کو رمضان المبارک کے شب و روز اور دیگر تمام مہینوں کو شریعت کے مطابق گزارنے کی توفیق عطا فرمائے اور شرف قبولیت سے بھی نوازے، آمین۔

مفتی حسین احمد حسامی -صدر مدرس مدرسہ اسلامیہ کاشف العلوم کاماریڈی

استقبال رمضان اور رمضان میں کیا کرنا چاہئے

تمام مخلوقات میں انسان کو رب العالمین نے اشرف المخلوقات سے نوازا اور اس میں ہم کو ایمان جیسی دولت سے مالا مال فرما کر اپنی محبوب امت، امت محمدیہ میں شامل فرما پھر اپنی رحمتوں سے مؤمنوں کو اپنا مقرب بنانے کے لیے مختلف مواقع فراہم کرتے رہا ہے ان میں سے ماہ رمضان المبارک ہے جو رب العزت کی رحمتوں و برکتوں اور مغفرت سے سرشار ماہ ہے، جو مؤمن، رب کی رحمت، زندگی میں خیر و برکت، اور آخرت میں اپنی بخشش کروانا چاہتا ہے وہ ماہ رمضان کے اس بہترین موقع کے لیے تیار ہو جائے، جو ہمارے سروں پر اپنی آمد کی دستک دے رہا ہے، رب ذوالجلال کلام پاک میں ارشاد فرماتا ہے:

بِسۡمِ اللّٰہِ الرَّحۡمٰنِ الرَّحِیۡمِ

یٰۤاَیُّهَا الَّذِیۡنَ اٰمَنُوۡا کُتِبَ عَلَیۡکُمُ الصِّیَامُ کَمَا کُتِبَ عَلَی الَّذِیۡنَ مِنۡ قَبۡلِکُمۡ لَعَلَّکُمۡ تَتَّقُوۡنَ.

اے ایمان والو! تم پر روزے رکھنا فرض کیا گیا ہے جس طرح تم سے پہلے لوگوں پر روزے رکھنا فرض کیا گیا تھا تاکہ تم متقی بن جاؤ۔

روزہ کا لغوی معنی ہے: کسی چیز سے رکنا اور اس کو ترک کرنا' اور روزہ کا شرعی معنی ہے: مکلف اور بالغ شخص کا ثواب کی نیت سے طلوع فجر سے لے کر غروب آفتاب تک کھانے' پینے اور جماع کو ترک کرنا اور اپنے نفس کو تقوی کے حصول کے لیے تیار کرنا ہوتا۔ علامہ علاؤالدین حصکفی نے لکھا ہے کہ ہجرت کے ڈیڑھ سال اور تحویل قبلہ کے بعد دس شعبان کو روزہ فرض کیا گیا۔ (در المختار)

سب سے پہلے نماز فرض کی گئی' پھر زکوۃ فرض کی گئی' اس کے بعد روزہ فرض کیا گیا' کیونکہ ان احکام میں سب سے سہل اور آسان نماز ہے اس لیے اس کو پہلے فرض کیا گیا' پھر اس سے زیادہ مشکل اور دشوار زکوۃ ہے کیونکہ مال کو اپنی ملکیت سے نکالنا انسان پر بہت شاق ہوتا ہے' پھر اس کے بعد اس سے زیادہ مشکل عبادت روزہ کو فرض کیا گیا' کیونکہ روزہ میں نفس کو کھانے پینے اور عمل تزویج سے روکا جاتا ہے اور یہ انسان کے نفس پر بہت شاق اور دشوار ہے۔ اللہ تعالٰی نے اپنی حکمت سے بہ تدریج احکام شرعیہ نازل فرمائے اور اسی حکمت سے رسول اللہ (صلی اللہ علیہ وآلہ وسلم) نے ارکان اسلام میں نماز اور زکوۃ کے بعد روزہ کا ذکر فرمایا' قرآن مجید میں بھی اس ترتیب کی طرف اشارہ ہے:

(آیت)" **والخشعین والخشعت والمتصدقین والمتصدقت والصائمین والصائمت**، (الاحزاب: ۳۵) ترجمہ: اور نماز میں خشوع کرنے والے مرد اور نماز میں خشوع کرنے والی عورتیں اور صدقہ دینے والے مرد اور صدقہ دینے والی عورتیں اور روزہ رکھنے والے مرد اور روزہ رکھنے والی عورتیں۔ نبی رحمت صلی اللہ علیہ وسلم روزے سے متعلق بے شمار فضائل ومناقب بیان فرمائیں ہیں۔

امام بخاری روایت کرتے ہیں:

حضرت ابو ہریرہ (رض) بیان کرتے ہیں کہ رسول اللہ (صلی اللہ علیہ وآلہ وسلم) نے فرمایا: روزہ ڈھال ہے' روزہ دار نہ جماع کرے' نہ جہالت کی باتیں کرے' اگر کوئی شخص اس سے

لڑے یا اس کو گالی دے تو وہ دو مرتبہ یہ کہے میں روزہ دار ہوں' اس ذات کی قسم جس کے قبضہ وقدرت میں میری جان ہے! روزہ دار کے منہ کی بو اللہ تعالیٰ کو مشک کی خوشبو سے زیادہ پسند ہے' اللہ تعالیٰ فرماتا ہے: وہ اپنے کھانے' پینے اور نفس کی خواہش کو میری وجہ سے ترک کرتا ہے' روزہ میرے لیے ہے اور میں ہی اس کی جزا دوں گا' اور (باقی) نیکیوں کا اجر دس گنا ہے۔

حضرت سہل (رض) بیان کرتے ہیں کہ رسول اللہ (صلی اللہ علیہ وآلہ وسلم) نے فرمایا: جنت میں ایک دروازہ ہے' جس کا نام ریان ہے' اس دروازہ سے قیامت کے دن روزہ دار داخل ہوں گے' ان کے علاوہ اور کوئی اس دروازہ سے داخل نہیں ہوگا' کہا جائے گا کہ روزہ دار کہاں ہیں؟ پھر روزہ دار کھڑے ہو جائیں گے' ان کے داخل ہونے کے بعد اس دروازہ کو بند کر دیا جائے گا' پھر اس میں کوئی داخل نہیں ہوگا۔ (صحیح بخاری ج ا ص ۲۵۴)

حضرت ابوہریرہ (رض) بیان کرتے ہیں کہ رسول اللہ (ﷺ) نے فرمایا: جب رمضان داخل ہوتا ہے تو آسمان کے دروازہ کھول دیئے جاتے ہیں اور جہنم کے دروازے بند کر دیئے جاتے ہیں اور شیاطین کو جکڑ دیا جاتا ہے۔

امام مسلم نے حضرت ابوہریرہ (رض) سے ایک روایت میں جنت کے دروازوں کا ذکر کیا ہے اور دوسری روایت میں رحمت کے دروازوں کا ذکر کیا ہے۔ (صحیح مسلم ج ا ص ۳۴۶)

حضرت ابوہریرہ (رض) بیان کرتے ہیں کہ نبی کریم (صلی اللہ علیہ وآلہ وسلم) نے فرمایا: جس نے حالت ایمان میں ثواب کی نیت سے لیلۃ القدر میں قیام کیا اس کے پہلے (صغیرہ) گناہ بخش دیئے جائیں گے اور جس نے حالت ایمان میں ثواب کی نیت سے روزہ رکھا اس کے پہلے (صغیرہ) گناہ بخش دیئے جائیں گے۔

حضرت ابوہریرہ (رض) بیان کرتے ہیں کہ رسول اللہ (صلی اللہ علیہ وآلہ وسلم) نے فرمایا: جس شخص نے رمضان کا ایک روزہ بھی بغیر عذر یا بغیر مرض کے چھوڑا تو اگر وہ تمام دہر بھی روزے رکھے تو اس کا بدل نہیں ہوسکتا۔ (صحیح بخاری)

امام مسلم روایت کرتے ہیں:

حضرت ابوسعید خدری (رض) بیان کرتے ہیں کہ رسول اللہ (صلی اللہ علیہ وآلہ وسلم) نے فرمایا: جو شخص ایک دن اللہ کی راہ میں روزہ رکھتا ہے اللہ تعالیٰ اس کے چہرہ کو جہنم سے ستر سال کی مسافت دور کر دیتا ہے۔ (صحیح مسلم)

حافظ منذری لکھتے ہیں:

> حضرت ابوہریرہ (رض) بیان کرتے ہیں کہ رسول اللہ (صلی اللہ علیہ وآلہ وسلم) نے فرمایا: پانچ نمازیں ایک جمعہ سے دوسرا جمعہ اور ایک رمضان سے دوسرا رمضان ان کے درمیان ہونے والے گناہوں کا کفارہ ہیں جب کہ گناہ کبیرہ سے بچا جائے۔ (صحیح مسلم)

حضرت مالک بن حویرث (رض) بیان کرتے ہیں کہ رسول اللہ (صلی اللہ علیہ وآلہ وسلم) منبر پر چڑھے' جب آپ نے پہلی سیڑھی پر پیر رکھا تو فرمایا: آمین! جب دوسری سیڑھی پر پیر رکھا تو فرمایا: آمین! پھر جب تیسری سیڑھی پر پیر رکھا تو فرمایا: آمین! پھر آپ نے فرمایا: میرے پاس جبرائیل (علیہ السلام) آئے اور کہا: اے محمد! جس نے رمضان کو پایا اور اس کی بخشش نہیں کی گئی اللہ اس کو (اپنی رحمت سے) دور کر دے' میں نے کہا: آمین! اور کہا: جس نے اپنے ماں باپ یا ان میں سے کسی ایک کو پایا اس کے باوجود دوزخ میں داخل ہوگیا' اللہ اس کو اپنی رحمت سے دور کر دے' میں نے کہا: آمین! اور کہا: جس کے سامنے آپ کا ذکر کیا گیا اور وہ آپ درود نہ پڑھے اللہ اس کو (اپنی رحمت سے) دور کر دے' میں نے کہا: آمین! (صحیح ابن حبان)

حضرت سلمان (رض) بیان کرتے ہیں کہ ہمیں رسول اللہ (صلی اللہ علیہ وآلہ وسلم) نے شعبان کے آخری دن خطبہ دیا اور فرمایا: اے لوگو! تمہارے پاس ایک عظیم اور مبارک مہینہ آپہنچا ہے' اس مہینہ میں ایک رات ہے جو ہزار مہینوں سے بہتر ہے' اللہ نے اس مہینہ میں روزہ کو فرض کردیا ہے اور اس کی رات میں قیام کو نفل کردیا ہے' جو شخص اس مہینہ میں فرض ادا کرے تو وہ ایسا ہے جیسے دوسرے مہینہ میں ستر فرض ادا کیے' یہ صبر کا مہینہ ہے اور صبر کا ثواب جنت ہے' یہ غمگساری کرنے کا مہینہ ہے' یہ وہ مہینہ ہے جس میں مومن کے رزق میں زیادتی کی جاتی ہے' اس مہینہ میں جو کسی روزہ دار کا روزہ افطار کرائے اس کے لیے گناہوں کی مغفرت ہے اور اس کی گردن کے لیے دوزخ سے آزادی ہے' اور اس کو بھی روزہ دار کی مثل اجر ملے گا اور اس روزہ دار کے اجر میں کوئی کمی نہیں ہوگی' صحابہ نے کہا: یارسول اللہ! ہم میں سے ہر شخص کی یہ استطاعت نہیں ہے کہ وہ روزہ دار کو افطار کراسکے' تو رسول اللہ (صلی اللہ علیہ وآلہ وسلم) نے فرمایا: اللہ تعالیٰ یہ ثواب اس شخص کو بھی عطا فرمائے گا جو روزہ دار کو ایک کھجور یا ایک گھونٹ پانی یا ایک گھونٹ دودھ سے روزہ افطار کرائے' یہ وہ مہینہ ہے جس کا اول رحمت ہے' جس کا اوسط مغفرت ہے اور جس کا آخر جہنم سے آزادی ہے' جس شخص نے اس مہینہ میں اپنے خادم سے کام لینے میں تخفیف کی اللہ اس کی مغفرت کردے گا اور اس کو دوزخ سے آزاد کردے گا۔ اس مہینہ میں چار خصلتوں کو جمع کرو' دو خصلتوں سے تم اپنے رب کو راضی کرو اور دو خصلتوں کے بغیر تمہارے لیے کوئی چارہ کار نہیں ہے' جن دو خصلتوں سے تم اپنے رب کو راضی کروگے وہ کلمہ شہادت کا کثرت سے پڑھنا ہے اور اللہ تعالیٰ سے خوب استغفار کرنا ہے' اور جن دو خصلتوں کے بغیر کوئی چارہ نہیں ہے وہ یہ ہیں کہ تم اللہ سے جنت کا سوال کرو اور اس سے دوزخ سے پناہ طلب کرو اور جو شخص کسی روزہ دار کو پانی پلائے گا' اللہ تعالیٰ اس کو میرے حوض سے پلائے گا' اسے پھر کبھی پیاس نہیں لگے گی حتی کہ وہ جنت میں چلا جائے گا۔ (صحیح ابن خزیمہ' بیہقی' صحیح ابن حبان)

حضرت عمرہ بن مرہ جہنی (رض) بیان کرتے ہیں کہ ایک شخص نے نبی کریم (صلی اللہ علیہ وآلہ وسلم) سے سوال کیا: یارسول اللہ (صلی اللہ علیہ وآلہ وسلم) بتائیے اگر میں اللہ کے وحدہ لاشریک ہونے اور آپ کے رسول اللہ ہونے کی گواہی دوں' اور پانچوں نمازیں پڑھوں اور زکوۃ ادا کروں اور رمضان کے روزے رکھوں اور قیام کروں تو میرا کن لوگوں میں شمار ہوگا؟ آپ نے فرمایا: صدیقین اور شہداء میں۔
(مسند بزار' صحیح ابن خزیمہ' صحیح ابن حبان)

رمضان کے فضائل سے متعلق ایک طویل حدیث میں چار اشخاص کا ذکر ہے کہ ان کی رمضان میں بھی مغفرت نہیں ہوتی، جو درج ذیل ہیں:

1۔ ایک وہ شخص جو شراب کا عادی ہو۔
2۔ دوسرا وہ شخص جو والدین کی نافرمانی کرنے والا ہو۔
3۔ تیسرا وہ شخص جو قطع رحمی کرنے والا اور رشتہ ناطہ توڑنے والا ہو۔
4۔ چوتھا وہ شخص جو (دِل میں) کینہ رکھنے والا ہو اور آپس میں قطع تعلق کرنے والا ہو۔"

حدیث مبارکہ میں ہے:

"حق تعالیٰ شانہ رمضان شریف میں روزانہ افطار کے وقت ایسے دس لاکھ آدمیوں کو جہنم سے خلاصی مرحمت فرماتے ہیں جو جہنم کے مستحق ہو چکے ہوتے ہیں، اور جب رمضان کا

آخری دِن ہوتا ہے تو یکم رمضان سے آخری رمضان تک جس قدر لوگ جہنم سے آزاد کیے گئے ہوتے ہیں اُن کے برابر اُس ایک دِن میں آزاد فرماتے ہیں۔

اور جس رات "شب قدر" ہوتی ہے تو اُس رات حق تعالیٰ شانہ حضرت جبرئیل علیہ السلام کو (زمین پر اُترنے کا) حکم فرماتے ہیں، وہ فرشتوں کے ایک بڑے لشکر کے ساتھ زمین پر اُترتے ہیں، اُن کے ساتھ ایک سبز جھنڈا ہوتا ہے، جس کو کعبہ کے اوپر کھڑا کرتے ہیں۔

حضرت جبرئیلؑ کے سو (100) بازو ہیں جن میں سے دو بازو صرف اِسی ایک رات میں کھولتے ہیں، جن کو مشرق سے مغرب تک پھیلا دیتے ہیں، پھر حضرت جبرئیلؑ فرشتوں کو تقاضا فرماتے ہیں: "جو مسلمان آج کی رات کھڑا ہو یا بیٹھا ہو، نماز پڑھ رہا ہو یا ذکر کر رہا ہو اُس کو سلام کریں اور اُس سے مصافحہ کریں اور اُن کی دُعاؤں پر آمین کہیں، صبح تک یہی حالت رہتی ہے، جب صبح ہوجاتی ہے تو حضرت جبرئیل آواز دیتے ہیں: "اے فرشتوں کی جماعت! اب کوچ کرو اور چلو!" فرشتے حضرت جبرئیل سے پوچھتے ہیں: "اللہ تعالیٰ نے احمد صلی اللہ علیہ وسلم کی اُمت کے مؤمنوں کی حاجتوں اور ضرورتوں میں کیا معاملہ فرمایا؟" وہ کہتے ہیں: "اللہ تعالیٰ نے اِن پر توجہ فرمائی اور چار شخصوں کے علاوہ سب کو معاف فرمادیا۔" صحابہ نے عرض کیا: "وہ چار شخص کون سے ہیں؟" حضور صلی اللہ علیہ وسلم نے ارشاد فرمایا:

1۔ ایک وہ شخص جو شراب کا عادی ہو۔

2۔ دوسرا وہ شخص جو والدین کی نافرمانی کرنے والا ہو۔

3۔ تیسرا وہ شخص جو قطع رحمی کرنے والا اور رشتہ ناطہ توڑنے والا ہو۔

4۔ چوتھا وہ شخص جو (دِل میں) کینہ رکھنے والا ہو اور آپس میں قطع تعلق کرنے والا ہو۔"

قرآن پاک اور احادیث مبارکہ میں ماہ رمضان اور روزوں کی فضیلت ذریعہ مغفرت بتائی گئی ہیں اب ہم کو اپنے ایمان کی سلامتی اور بخشش کے لئے کیا کرنا ہے، اور ہماری تیاری کیا ہے، آج ہم اپنے پروگرام و تقاریب کی تیاری ایک عرصہ پہلے شروع کرتے ہیں تا کہ وقت پر کوئی پریشانی پیش نہ آئے، اب ماہ رمضان قریب ہوتا جارہا ہے کیا ہم نے اس کی آمد اور اپنی بخشش کے لئے گناہوں سے توبہ کیا؟ کیا ہم نے یا ہمارے متعلق کوئی شراب نوشی کا عادی ہو اس سے رکنے کی ترغیب کیئے؟ کیونکہ شراب تمام برائیوں کی جڑ ہے، کیا اپنے والدین کو راضی کیا جو اپنی کمزوری اور ہماری توانائی (جو ہماری جوانی کی پروان کی طاقت میں کسی کو خاطر میں نہیں لاتے) سے خوف زدہ ہیں؟ نبی رحمت صلی اللہ علیہ وسلم نے فرمایا والدین کی رضامندی میں اللہ تعالیٰ کی خوشنودی ہے، اور والدین کی ناراضگی میں اللہ تعالیٰ کی ناراضگی ہے! کیا ہم نے رشتے ناطے جوڑنے کی فکر کی؟ جو معمولی وجوہات کی وجہ سے ایک عرصہ دراز سے قطع تعلق کیا ہوا ہے، رشتے ناطوں کو توڑے رکھا ہے کیا ہم نے جوڑنے کی فکر کی؟ نبی رحمت صلی اللہ علیہ وسلم نے فرمایا قطع رحمی کرنے والا جنت میں داخل نہیں ہوگا، اِس کے برخلاف رشتہ ناطہ کو توڑ دینا اور رشتہ داری کا پاس ولحاظ نہ کرنا اللہ تعالیٰ کے نزدیک حد درجہ مبغوض ہے۔ نبی اکرم ﷺ نے اِرشاد فرمایا:

"میدانِ محشر میں رحم (جو رشتہ داری کی بنیاد ہے) عرشِ خداوندی پکڑ کر یہ کہے گا کہ جس نے مجھے (دُنیا میں) جوڑے رکھا آج اللہ تعالیٰ بھی اُسے جوڑے گا (یعنی اُس کے ساتھ

اللہ تعالیٰ بھی اُسے کاٹ کر رکھ دے گا (یعنی اُس کو عذاب ہوگا)"۔(بخاری: ومسلم)

نیز احادیث سے یہ بھی ثابت ہے کہ دُنیا میں بالخصوص دو گناہ ایسے شدید تر ہیں جن کی سزا نہ صرف یہ کہ آخرت میں ہوگی، بلکہ دُنیا میں بھی پیشگی سزا کا ہونا بجا ہے: ایک ظلم، دُوسرے قطع رحمی۔(ابن ماجہ)

ہمارے معاشرے میں قطع رحمی بڑھتی جارہی ہے، اچھے دین دار لوگ بھی رشتہ داروں کے حقوق کا خیال نہیں کرتے۔ جب کہ رشتہ داروں کے شریعت میں بہت سے حقوق بتائے گئے ہیں!

کیا ہم نے اپنے دلوں سے کینہ، بغض، عداوت جو پال رکھا ہے نکال پھینکنے کی سوچی ہے؟ اگر ہم اپنی بخشش و مغفرت چاہتے ہیں؟ تو اس کے لیے آنے والے متبرک ماہ رمضان سے پہلے اپنے آپ کو ان تمام گندگیوں سے پاک صاف کرنا ہوگا، اس کے لیے ضروری ہے کہ رب العالمین کے حضور ان تمام گناہوں سے، غلطیوں سے توبہ کریں، نبی رحمت صلی اللہ علیہ وسلم نے فرمایا تمام بنی آدم خطا کار ہیں اور بہترین خطا کار وہ ہیں، جو کثرت سے توبہ کرتے ہیں، اب زندگی، صحت، اور کچھ کر گزرنے کی قوت ارادی کو عمل میں لاتے ہوئے رب العالمین کی نظر رحمت، متبرک ماہ کی برکتوں، رحمتوں سے بحر و بر ہو سکتے ہیں۔

اللہ تعالیٰ سے دعا گو ہیں کہ ہم سب مؤمنوں کو ماہ رمضان کا صحیح معنوں میں استقبال کرنے کی توفیق عطا فرمائے اور تمام گناہوں سے توبہ کرنے، اور مخلوق خدا کے حقوق کو ادا کرتے ہوئے رب کو راضی کرنے کی توفیق الٰہی عطاء رب ہو۔

☆☆☆

ڈاکٹر فریدہ تبسم - لکچرار انوار العلوم جونیئر کالج حیدرآباد

سنسکرت سے اردو زبان کے تراجم

زبان ایک ایسانظام ہے جو انسانوں کے درمیان خیالات، جذبات ، معلومات اور احساسات کے اظہار کے لئے استعمال ہوتا ہے یہ الفاظ، جملوں، استاروں اور علامتوں پر مشتمل ہوسکتی ہے۔ایک سماجی وثقافتی پہچان کا اہم ذریعہ ہے۔

سنسکرت ایک قدیم زبان ہے۔ جو ہندوستانی تہذیب اور ثقافت کی بنیادوں میں شامل ہے یہ ہند آریائی زبانوں کے خاندان سے تعلق رکھتی ہے اور دنیا کی قدیم ترین زبانوں میں سے ایک سمجھی جاتی ہے۔

سنسکرت کا مطلب ہے۔ ترتیب شدہ یا صاف ستھری زبان آج کل سنسکرت کو بھارت میں ثقافتی در ثے کچھ اسکولوں کچھ اسکولوں اور یونیورسیٹوں کے طور پر محفوظ رکھا جارہا ہے۔ میں یہ مضمون کے طور پر پڑھائی جاتی ہے اُس کے . علاوہ سنسرت کمپیوٹر سائنس اور مصنوعی ذہانت کے لئے ایک مناسب زبان سمجھی جا رہی ہے۔

حاضر اور تاریخی حوالہ سے سنسکرت زبان ہند یورپی زبانوں کے خاندان سے تعلق رکھتی ہے۔ خاص طور پر ہند آریائی شاخ ہے۔

سنسکرت زبان زیادہ تر مذہبی اور فلسفیانہ میں میں استعمال ہوتی تھی جسے وید، اوپنشد، رامائن، مہابھارت وغیرہ.

اردو زبان کا آغاز دہلی اور شمالی ہندوستان میں فارسی عربی، ترکی اردو اور مقامی پراکرت زبانوں کے امتزاج سے ہوا۔ زبان کے طور پر 12ویں صدی عیسوی کے آس پاس ایک علیحدہ زبان کے طور پر ابھری، اردو زبان خاص طور پر روزمرہ کی گفتگو، شاعری ادب اور ثقافت میں ایک اہم زبان سے ہے۔

لکھاوٹ کے لحاظ سے سنسکرت ، دیوناگری رسم الخط میں لکھی جاتی ہے۔

اردو فارسی عربی رسم الخط میں لکھی جاتی ہے۔

سنسکرت اور اردو کا ترجمہ کے توسط سے گہرا رشتہ ہے۔ سنسکرت چوں کہ قدیم زبان ہے اس سے اردو میں بہت تراجم ہوئے ہیں۔ خاص طور پر مذہبی کتابوں کے تراجم ہوئے ہیں۔اپنشدوں کے تعلق سے اقتباس ملاحظہ ہو

> ویدک ادب میں شہرت کے اعتبار سے سب سے زیادہ اہمیت اپنشدوں کی ہے۔ ان کی اہمیت فلسفیانہ نظریات کی وجہ سے ہے۔ اپنشد کے معنی حصول علم کے لیے استاد کے پاس ادب سے بیٹھنا ہے۔ اپنشدوں کی تعداد 108 سے لے کر 200 تک مانی جاتی ہے لیکن ان میں 13 اپنشدیں اہم ہیں۔ مغل شہنشاہ شاہ جہاں کے فرزند دارا شکوہ نے سن 1657ء میں کاشی کے پنڈتوں کی مدد سے 50 اپنشدوں کا فارسی میں ترجمہ کیا اور اس مجموعہ کا نام میر اکبر رکھا۔ اس ترجمہ کے مخطوطات دستیاب ہیں۔ اس میں آسان اسلوب اختیار کیا گیا جس

سے موضوع جلد عیاں ہوتا ہے۔1775ء میں اودھ کے نواب شجاع الدولہ کے پاس قیام پذیر فرنچ ریسی ڈینٹ ایم کینٹل نے داراشکوہ کے مخطوطے کو فرانس میں رہنے والے انکوٹیل ڈو پیران (DuperronAnquetil) کو بھیجا اور ایک دوسرا مخطوطہ بھی اس کے ساتھ شامل تھا۔ ان دونوں کی بنیاد پر انھوں نے ان اپنشدوں کو فرنچ اور لاٹن زبانوں میں ترجمہ کیا۔ لاطن (Latin) ترجمہ اونیخت (Oupnekhat) نام سے 1801-02ء میں پیرس سے شائع کروایا۔ اس لاطینی متن کا جرمن زبان میں ترجمہ ہوا جس کو پڑھ کر کئی مغربی فلسفی متاثر ہوئے۔ بعد میں کئی یوروپی زبانوں میں اپنشدوں کے ترجمے ہوئے۔ اس طرح اپنشدوں کے فلسفہ کی مغربی مما لک میں تشہیر کا سہرا داراشکوہ کو جاتا ہے۔ اپنشدوں میں مکالموں کے ذریعہ علم فلسفہ سمجھایا گیا ہے۔

(ڈاکٹر شیخ عبدالغنی، سنسکرت ادب کے اردو تراجم (ایک مختصر جائزہ) سن اشاعت 2015، روشان پرنٹرس و دہلی، ص16)

اسی طرح پرانوں کے بھی اردو میں تراجم ہوئے ہیں۔ یہ پران قدیم سنسکرت زبان میں لکھے ہوئے ہیں ان کو اردو میں منتقل کرنے سے اردو میں بھی سنسکرت کے الفاظ داخل ہوئے۔

تاریخ سے پتہ چلتا ہے کہ سنسکرت ادب کے تراجم کی شروعات چوتھی صدی عیسوی میں ہوئی۔ یہ سلسلہ ایسا چلا کہ دنیا کی تقریباً سبھی زبانوں میں سنسکرت ادب کے بھی اضافہ [illegible]

کے تراجم دستیاب ہیں۔ جدید ہندوستانی زبانوں میں بھی سنسکرت ادب کے تراجم کا کافی ادب دستیاب ہے۔ اٹھارہویں انیسویں صدی میں اردو زبان میں بھی سنسکرت ادب کے تراجم کی شروعات ہوئی ہے۔ اردو میں بھی ویدوں سے لے کر علم وادب کی کئی تصانیف کا ترجمہ ہو چکا ہے۔ اردو میں دیگر ہندوستانی زبانوں کی بہ نسبت بہت کم تراجم سنسکرت تصانیف کے ہوئے ہیں۔ اس کی وجہ یہ ہوسکتی ہے کہ دونوں زبانوں کی ساخت جدا گانہ دکھائی دیتی ہے۔ دونوں زبانوں کی رسم الخط کا جدا گانہ ہوتا۔ ان دونوں زبانوں کی تہذیبی فطرت کا بھی الگ ہونا ہے اور ان دونوں زبانوں پر عبور رکھنے والے ادیب کم دستیاب ہیں جس کی وجہ سے اردو میں سنسکرت ادب کے تراجم کی رفتار بہت سست ہے۔ اب تک جو تراجم پیش کیے گئے ہیں ان ترجمہ نگاروں نے راست سنسکرت سے ترجمہ کرنے کے بجائے دوسری زبانوں جیسے ہندی اور انگریزی زبانوں کا سہارا لے کر اردو میں سنسکرت تصانیف کے ترجمے کیے ہیں۔ اور بھی سنسکرت کی کئی تخلیقات کا اردو میں ترجمہ ہونا باقی ہے۔ اردو ادب کا سنسکرت سے قدیم رشتہ ہے لیکن دونوں زبانوں کا ادبی لین دین دیگر زبانوں کے مقابلے میں کم ہے۔

یہاں پر پورانوں کے چند اردو تراجم کا ذکر کیا جارہا ہے ملاحظہ کیجئے:

1۔ بھاگوت پوران کا "بھاگوت نظم اردو کے نام سے جگناتھ نشتر نے ترجمہ کیا تھا جو 1881ء میں نول کشور پریس لکھنو سے شائع ہوا۔

2- آتمہ پوران کا خلاصہ آتمہ پوران کے

نام سے بابا ہر پرساد نے اردو میں ترجمہ کیا تھا
جو 1884ء میں نول کشور پریس لکھنو سے
شائع ہوا۔

3۔ بھاگوت پوران کا اردو ترجمہ کنیت کیرانوی
نے کیا تھا جو 1904ء میں شائع ہوا۔

4- سریمد بھاگوت کا ترجمہ نول کشور نے کیا
تھا اور 1932ء میں نول کشور پریس لکھنو سے
شائع کروایا تھا۔

5- گنیش پوران کا ترجمہ شنکر دیال فرحت
نے کیا تھا جو 1883ء میں نول کشور پریس
لکھنو سے شائع ہوا۔

6- سریمد بھاگوت کا ترجمہ شنکر دیال فرحت
نے ترجمہ کیا تھا جو 1921ء میں شائع ہوا۔

7- سریمد بھاگوت کا ترجمہ پریتم نارائن
شوق لاہوری نے کیا تھا جو جے ایس سنگت سنگھ
لاہور سے شائع ہوا۔

8- شیو پوران کا ترجمہ شنکر دیال فرحت نے
کیا تھا جو نول کشور پریس لکھنؤ سے شائع ہوا۔

9۔ بھاگوت پوران کے دسویں حصہ کا پریم
ساگر نام سے للوجی لال نے ترجمہ کیا تھا جو

(ڈاکٹر شیخ عبدالغنی، سنسکرت ادب کے اردو تراجم (ایک مختصر جائزہ) سن اشاعت 2015، روشان پرنٹرس ودہلی، ص 7)

اس کے علاوہ بھی بہت سے تراجم ہوئے جن سے سنسکرت زبان کے اردو پر لسانی و تہذیبی اثرات کے جھلک نظر آتی ہے۔ اردو اور سنسکرت کے تراجم نظر آتے ہیں۔

ایس۔ایم۔عارف حسین۔اعزازی خادم تعلیمات، مشیرآباد، حیدرآباد (عارضی مقیم ریاض، سعودی عرب)

اولاد کے لیے "ایک باپ" کی چُھپی محبت

اسلامی تعلیمات کے مطابق اللہ تعالیٰ نے مرد یعنی آدم علیہ السلام کی پسلی سے عورت یعنی حوا علیہ کو پیدا کیا ہے اسی کا نتیجہ ہے کہ فطری طور پر انسان ایک دوسرے سے انتہائی محبت کرتے ہیں۔

یہ حقیقت ہے کہ ایک باپ اپنے بیٹے۔ بیٹیوں سے بے انتہا محبت کرتا ہے، ان کی معمولی سے معمولی خوشی میں اندرونی طور پر خوش ہوتا ہے اور ذرہ سی تکلیف میں اندرونی دُکھ محسوس کرتا ہے جس کا ثبوت اس کی آنکھوں سے بہتے وہ خاموش آنسوں ہوتے ہیں جس کا طبعی طور پر اظہار تو نہیں ہوتا پر یہ راست اللہ تک ضرور پہونچتے ہیں۔

اداس آنکھوں سے آنسوں نہیں نکلتے
یہ موتیوں کی طرح سیپیوں میں پلتے ہیں

جب ایک بچہ پیدا ہوتا ہے تب اس کے ماں-باپ کو بے انتہا خوشی ہوتی ہے، جوں جوں یہ بچہ رینگنا اور چلنا شروع کرتا ہے ماں باپ کو اس کے مزید بڑے ہونے یعنی جوان ہونے کی امید آگے بڑھتی ہے، جب ایک بیٹی بلوغیت کو پہونچتی ہے تب اس کو ایک شریف گھرانے کے باکردار لڑکے کے ساتھ شادی کرانے کی جستجو لگی رہتی ہے۔

دنیا کا ہر باپ چاہے خود اَن پڑھ ہی کیوں نہ ہو۔ مزدوری ہی کیوں نہ کرتا ہو۔ وقت کا بدکردار فرد ہی کیوں نہ ہو اپنی اولاد کو اچھے سے اچھی تعلیم و تربیت دلانا چاہتا ہے جو اس کی عین ذمہ داری ہوتی ہے۔

یہ ایک حقیقت ہے کہ ایک باپ اپنی اولاد کو تین وقت کی روٹی مہیا کرنے۔ خاص کر بیٹی کی معیاری شادی۔ بیاہ کرنے۔ اولاد کے لیے اچھی تعلیم کا انتظام کرنے کبھی چھبتی دھوپ میں مزدوری کرتا ہے تو کبھی مال کے انتظام میں کسے کے پاس قرض لینے کے لیے ان کے پاؤں پر گر جاتا ہے جس کا علم اولاد کو قطعی نہیں ہوتا۔

جب بیٹے۔ بیٹیاں پڑھ لکھ کر قابل بن جاتے ہیں تب باپ کو ایک جانب ذہنی خوشی ملتی ہے تو دوسری جانب ان کی معاشی مضبوطی کے ساتھ اچھے گھرانے میں شادی کروانے کی فکر شروع ہو جاتی ہے۔

بلاشبہ ماں اور باپ دونوں اپنی اولاد سے بے انتہا پیار کرتے ہیں، ایک ماں کے ظاہری برتاؤ سے دنیا کو اس کی محبت کا پتہ چل جاتا ہے پر ایک باپ کا پیار دنیا کو نظر نہیں آتا چونکہ وہ اس کے احساسات میں چھپا ہوتا ہے جو حرکات سے ظاہر نہیں ہوتا، اسی لیے دنیا کو ایک باپ کے پیار کا اندازہ نہیں ہوتا پر دنیا کا ہر باپ اس سے انکار نہیں کرسکتا کہ ایک باپ کا اپنی اولاد سے پیار ایک ماں کے پیار سے کہیں زیادہ ہوتا ہے۔ اس کیفیت کا ثبوت اس بات سے ملتا ہے کہ جب بیٹے کسی معاشی مشکلات جیسے ملازمت کی تلاش یا کسی تجارت میں نقصان کا سامنا کرتے ہیں اور

جب بیٹیاں شوہر اور سسرالی افراد کی جانب سے جسمانی و ذہنی تکالیف کا سامنا کرتی ہیں تب باپ اندرونی طور پر خوب روتا ہے اگر چیکہ ظاہری طور پر اس کے آنسوں نہیں بہتے پر اس کے سینہ سے سسکیاں ضرور نکلتی ہیں جس کی آواز کو زمانہ تو سن نہیں پاتا پر اللہ تعالیٰ ضرور سنتا ہے اور نتیجہ میں باپ کے ارمانوں کو پورا کرتا ہے۔

اولاد کی ہر تکلیف چاہے کمائی سے متعلق ہو یا صحت سے متعلق ہو یا معاشرہ کی جانب سے ان کی عزت پر راست یا پیچھے سے انگلی اٹھائی جاتی ہے تب ایک باپ کو ذہنی ٹھیس پہونچتی ہے۔ ایسے موقع پر باپ الفاظ کے استعمال سے ان افراد کے لیے بددعا نہ بھی کرے پر اس کے سینہ سے اٹھنے والی آہ اللہ تعالیٰ تک ضرور پہونچتی ہے جس کے نتیجہ میں انگلی اٹھانے والے افراد اس دنیا میں بدترین حالات کا سامنا کرتے ہیں اور نتیجہ میں ان افراد کی زبانوں کو تالے لگ جاتے ہیں۔

اسی طرح یہ بھی حقیقت ہے کہ اولاد خاص کر بیٹے جب مالی اعتبار سے ترقی کرتے ہیں یا اپنی ملازمت میں ترقی پاتے ہیں اور انہیں اعزازات سے نوازا جاتا ہے تب معاشرہ کی جانب سے عزت افزاء ہوتی ہے اس پر ایک باپ کو دلی خوشی ہی نہیں ملتی بلکہ اس کا سینہ فخر سے اونچا ہوتا ہے جس کا وہ حقدار ہوتا ہے۔

جب ایک بیٹی شادی کے بعد ماں باپ کے گھر سے وداع ہوتی ہے تب ایک باپ دنیا والوں کے سامنے خوشی کا اظہار تو کرتا ہے، پر بیٹی کی جدائی سے اندرونی طور پر ٹوٹ جاتا ہے جس کے نتیجہ میں آنسوں بہتے ہیں پر وہ دکھائی نہیں دیتے چونکہ باپ ان کو پی جاتا ہے تاکہ بیٹی کی ہمت نہ ٹوٹے جب بھی ایک بیٹی ماں- باپ کے گھر آتی ہے تب ماں کے ساتھ ساتھ بالخصوص باپ کو نظریاتی و روحانی خوشی ملتی جسکا ثبوت ایک باپ کی آنکھوں میں دفن آنسوں ہی ہوتے ہیں جس کو اللہ تعالیٰ محسوس کرتا ہے، جب جب بیٹیاں گھر سے وداع ہوتی ہیں ایک باپ اپنی بیٹیوں کو اپنے سینہ سے لگا لیتا ہے اور ان کی پیشانی کو بوسہ دے کر وداع کرتا ہے جب کہ اس کی آنکھوں سے بیساختہ آنسوں بہے بغیر نہیں رہتے ،یقیناً یہ آنسوں اللہ تعالیٰ تک پہونچکر بیٹی و باپ کی تسلی کا سامان کرتے ہیں، اس کے علاوہ گھر سے وداع ہونے والی بیٹی کی معمولی سے معمولی تکلیف اور خوشی بھی ایک باپ کو آنسوں بہانے پر مجبور کرتی ہے جس کا سامنا دنیا کی ہر بیٹی کا باپ کرتا ہے، یہ کہنا درست ہوگا کہ ''آنسوؤں کا بہنا'' بھی اللہ تعالیٰ کی جانب سے ''ایک عظیم نعمت'' ہے ورنہ انسان اندرونی طور پر گھٹ گھٹ کر دم توڑ دیتا۔

ہمارے پیغمبر حضور صلعم کا اپنی بیٹی سے بے انتہا محبت کا وہ عمل کہ جب بھی آپ صلعم باہر سے گھر تشریف لاتے پہلے اپنی بیٹی فاطمہؓ کو یاد کرتے اور گلے لگاتے اور جب بیٹی گھر سے رخصت ہوتی از خود دروازہ تک جا کر رخصت فرماتے جو ''ساری انسانیت'' کے لیے ''عملی تربیت'' ہے۔

دنیا کی ان ماؤں اور خاص کر باپوں کا کیا حال ہوگا جن کی بیٹی خدانخواستہ طلاق کا سامنا کرتی ہے، یہ حقیقت ہے کہ ایک مطلقہ بیٹی کا باپ اپنی دولت لٹا کر اور عاجزی والے برتاؤ سے بیٹی کی خوشی واپس لانا چاہتا ہے، زمانہ گواہ ہے کہ ایک باپ اپنی بیٹی کی خوشی کو لٹانے اور معاشرہ میں

عزت کی حفاظت کے لیے اپنی جان تک کو داؤ پے لگا چکا ہے اور لگا تا رہے گا جو خونی رشتہ کی محبت کا عین ثبوت اور ایک فطری امر ہے۔

جب بیٹے روزگار حاصل کرنے کے لیے اپنے وطن سے ہزاروں میل دور کا سفر کرتے ہیں تب ماں باپ کو ان کی وداعی اور دوری دن رات ستاتی ہے پر یہاں اللہ تعالیٰ کا فضل کام کرتا ہے جس کے نتیجہ میں اولاد سے دوری کو برداشت کرنے کی طاقت ملتی ہے۔

احساس کرنے کی ضرورت ہے کہ ان ماں باپ کے دلوں کا کیا حال ہوگا جن کی نظروں کے سامنے ان کی اولاد اللہ کو پیاری ہو چکی ہے، ایسی کیفیت میں ماں باپ طبعی طور پر تو زندہ نظر آتے ہیں پر ذہنی طور پر وہ ضرور مردہ ہوتے ہیں۔

اللہ تعالیٰ سے دعا ہے کہ دنیا کے ہر ماں- باپ کو ان کی اولاد کی خوشیاں دیکھنے کا موقع عنایت فرمائے اور اولاد کو" آنکھوں کی ٹھنڈک" کا ذریعہ بنائے جس کی طلب کا ذکر" قرآنی دعا" میں موجود ہے۔ خدانخواستہ خدانخواستہ اولاد کو دنیاوی تکالیف کا سامنا ہو تو ماں باپ کو صبرِ جمیل عطا کرے آمین۔

حیات ایک مستقل غم کے سوا کچھ بھی نہیں شاید
خوشی بھی یاد آتی ہے تو آنسوں بن کے آتی ہے

☆☆☆

سید عظمت اللہ بیابانی ۔۔وجے نگر کالونی، حیدرآباد

رمضان-سمندر کے اُس پار

شمع محمدیؐ کے پروانے کہیں سیاہ مائل ہیں تو کہیں گورے چٹے اور کہیں زردی مائل ہیں تو کہیں گندمی لیکن اسلامی جذبے وولولے سے سرشار ہوتے ہیں۔ان پروانوں کا مسکن کہیں عالیشان اور فلک بوس ہے تو کہیں عاجزی وانکساری کو لپیٹے ہوئے ہے۔یہی نہیں سرد سے سرد مقامات میں ذکر الٰہی کی تپش کو گلے لگائے ہیں تو گرمیلے علاقے کے پروانے رحمتِ خداوندی کی ٹھنڈی چھاؤں میں گذر بسر کرتے ہیں۔خداوند کریم کی مصلحت کو کون سمجھے۔کبھی اس متبرک ماہِ مقدس رمضان المبارک کی آمد بدلتے ہوئے دنوں میں ہوتی رہتی ہے اور ہر زمانے کے پروانوں کو اس عبادت میں بھی شکر گذار ہونے کا موقع دیتی ہے۔

ہمیں سات سمندر پار جہاں نصرانیوں کا غلبہ ہے وہاں رمضان المبارک بتانے کا خدائے قدوس نے تین مرتبہ موقع عطا فرمایا جیسے "Birds of the Same Feather,Flock together" یہاں پر (امریکہ) ملتِ اسلامیہ قریب سے قریب تر ہوجاتے ہیں۔میلوں سفر کر کے مسجدیں آباد کرتے ہیں۔ خاص طور سے مغرب وعشاء۔ اٹلانٹا (Atlanta) کے شہر ناکیسول (Knoxwil) میں تب ہمارا قیام تھا۔زمین پوری برف میں ڈھکی ہوئی تھی۔موٹر گاڑیوں کے پہیوں کو تک زنجیروں کی گرفت میں رکھ کر برفیلے سطح پر چلایا جاتا تھا۔جب ہم عشاء وتراویح کے لئے مسجد میں داخل ہورہے تھے تب برفیلی سطح پر پھسل کر اوندھے منہ گرنا پڑا۔ وہاں کے شیخ کو جب ہم نے افطار کے لئے مدعو کیا جو غالباً ملک مصر کے رہنے والے تھے۔ ہمارے حیدرآبادی کھانوں کو بہت پسند کیا۔روٹی۔حلیم میں ڈبا کر کھانا شروع کیا۔لیکن ایک عجیب بات ہم نے یہ دیکھی کہ تراویح میں امام صاحب کی قراءت کے ساتھ ساتھ مقتدیوں میں کچھ ایسے بھی لوگ دیکھے جو ہاتھ میں قرآن شریف تھامے دیکھتے ہوئے شاید قاری کی قراءت پر غور کرتے ہوئے نماز پڑھ رہے تھے۔زنانہ کو بھی Sisters Hall میں تراویح ادا کرنے کا معقول انتظام تھا۔ہم نے اسی ماہِ رمضان میں یہود ونصاریٰ اور ہندوستانی غیر مسلم کو بھی وقتِ واحد میں مدعو کیا اور اپنے اسلامی شعار ظاہر کئے۔ یہ حضرات کافی متاثر ہوئے۔

نیویارک کے ٹائمز سکوائر (Times Square) کے سبزہ زار پہ ہم نے نمازِ عصر ادا کی اور متصل مجسمۂ آزادی (Statue of Liberty) دیکھنے چلے گئے۔جیسے جیسے مغرب کا وقت قریب آتا گیا ویسے ویسے ٹھنڈک میں اضافہ ہوتا گیا اور موسم بہت ہی سرد ہوتا گیا یہاں تک کہ ہم نے اپنے آپ کو موٹر میں قید کرلیا اور ہیٹر (Heate) کی مدد لی۔ موٹر میں بیٹھے بیٹھے ہمیں افطار کرنا پڑا۔اس مجسمے کے آس پاس پانی کے کنارے شائقین کے بیٹھنے کے اچھے انتظامات ہیں۔ہم اس ارادے سے یہاں پہنچے کہ باہر بیٹھ کر ہم افطار کریں لیکن سردی کی شدت کی وجہ سے ہم نے موٹر میں ہی ہیٹر کی مدد میں افطار کیا۔

کیلیفورنیا اسٹیٹ بہت ہی معتدل ہے۔کرسمس کے دن

برفباری کا ہونا یہاں کے مقامی لوگوں کے لئے بہت ہی نیک شگون ہوتا ہے۔ہم نے اس جگہ بہت ہی اطمینان سے اپنے حیدرآباد جیسے موسم میں یہ ماہِ مقدس گذارا۔ جگہ جگہ ہندوستانی ہوٹلوں کو پایا۔ ہم نے افطار کے بعد ایک غیر مسلم ہندوستانی ہوٹل میں کھانا کھایا۔کھانے کا مزہ اُس وقت دوبالا ہوگیا جبکہ کاؤنٹر پر بیٹھے ہوئے ایک آندھرائی نے جب اپنے سرور کو تلگو میں کچھ غیر مہذب الفاظ سے مخاطب کیا۔ سوائے ہمارے اس ہوٹل میں پورے کے پورے انگریز تھے۔ چونکہ ہمیں تلگو سے تھوڑی بہت واقفیت تھی ہم نے جاتے جاتے اس کاؤنٹر پر بیٹھے آندھرائی کا مہمان نوازی کا تلگو میں شکریہ ادا کرتے ہوئے آگے بڑھے۔ اس اسٹیٹ میں کافی ہندوستانی رہتے ہیں ایک مسجد سے دوسری مسجد کا فاصلہ کئی میل کا ہے۔ ہم نے ”اگربتی والی“ مسجد بھی دیکھی اور بغیر اگربتی والی بھی۔ خاص کچھ ایسی مسجدیں ہیں جہاں پر اگربتی کا جلانا ایک روزانہ کا معمول ہے۔ افطار کے لئے اکثر مساجد میں یا تو پاکستانی ہوٹلوں کا کھانے کا انتظام رہتا یا کسی اور مسلم قوم جیسے آفریقی مسلمان، مصری یا عربوں کے ہوٹلوں کا، اکثر مصلیانِ مسجد اپنے اپنے گروپس سے پیسہ اکٹھا کرکے جو پورے مہینے کے لئے گروپ بہ گروپ طے شدہ تواریخ میں افطار و کھانے کا انتظام ہوتا رہتا ہے۔ یہ دیکھ کر ہمیں بہت تعجب ہوا کہ شروع رمضان میں ہی پورے رمضان کے مہینے کا نظم ہو چکا ہوتا ہے۔

اسلامی کیلنڈر کی گونا گوں خصوصیات میں یہ ایک مخصوص بات ہے کہ اس کے مہینے گرما اور سرما کے انتہائی موسموں میں ہر سال بدلتے رہتے ہیں جیسا کہ غیروں کے ہاں ایک تہوار ہمیشہ سے ماہِ ڈسمبر میں ہی آتا ہے۔ اس کے بہ نسبت ہماری عیدیں کبھی سرما میں کبھی معتدل موسم میں تو کبھی گرما میں آتی ہیں۔ دنیا کے ہر قطعے کے لوگ اس کو اپنی حیثیت کے لحاظ سے شان و شوکت میں اپنے آپ کو ملوث کرنے کا موقعہ پاتے ہیں۔

رمضان نہ صرف بھوک و پیاس کا احساس دلاتا ہے بلکہ صبر کی تلقین دیتا ہے، اللہ اور اس کے رسول کی قربت کا احساس دیتا ہے اور سب سے اہم بات اجتماعی زندگی کے پہلوؤں کو روشن کرتے ہوئے آپس میں بھائی چارگی پیدا کرتا ہے۔

سید علقمہ عرشی- بنارس

ڈاکٹر تابش مہدی (1951ء-2025ء): مختصر سوانحی خاکہ

ڈاکٹر تابش مہدی اردو زبان و ادب کی ایک معتبر اور نمایاں شخصیت تھی جنھوں نے بطور شاعر، نقاد، صحافی، اور مصنف اپنے عہد میں نمایاں مقام حاصل کیا۔ ان کی علمی، ادبی، اور تخلیقی خدمات نے اردو ادب میں ایک نئی جہت پیدا کی۔ ان کی زندگی کا ہر لمحہ ادب و علم کے فروغ کے لیے وقف رہا اور ان کا کام آنے والی نسلوں کے لیے ایک روشن مثال ہے۔

آغاز زندگی اور تعلیمی حالات

تابش مہدی 3 جولائی 1951ء کو پرتاپ گڑھ، اتر پردیش، بھارت میں پیدا ہوئے۔ ان کے والد کا نام رفیع الدین تھا۔ تابش کا تاریخی نام نعیم اختر تھا۔ مکمل نام مہدی حسن تابش تھا، مگر وہ اپنے قلمی نام تابش مہدی سے معروف ہوئے۔

ابتدائی تعلیم 1964ء میں ڈسٹرکٹ بورڈ پرتاپ گڑھ سے حاصل کی۔ 1966ء اور 1967ء میں بالترتیب مدرسہ سبحانیہ، الہ آباد اور مدرسہ تعلیم القرآن، حسن پور مراد آباد سے تجوید و قرائت کی تعلیم مکمل کی۔

تعلیمی اسناد

☆ 1970ء: مولوی (عربی)- عربی و فارسی بورڈ، الہ آباد۔

☆1978ء: منشی (فارسی)- عربی و فارسی بورڈ، الہ آباد۔

☆ 1980ء: کامل (فارسی)- عربی و فارسی بورڈ، الہ آباد۔

☆1971ء: عالم دینیات (اردو)- جامعہ دینیات، دیوبند۔

☆ 1977ء: ادیب ماہر (اردو)- جامعہ اردو، علی گڑھ۔

☆ 1985ء: ادیب کامل (اردو)- جامعہ اردو، علی گڑھ۔

☆ 1989ء: ایم اے (اردو)- آگرہ یونیورسٹی۔

☆1997ء: پی ایچ ڈی (اردو تنقید) جامعہ ملیہ اسلامیہ، دہلی۔

ان کے اساتذۂ سخن میں کئی نامور شخصیات شامل تھیں جن میں شہباز امروہوی، بلالی علی آبادی، سروش مچھلی شہری، ابو الوفاء عارف شاہ جہاں پوری، اور عامر عثمانی قابل ذکر ہیں۔

ذاتی زندگی

ڈاکٹر تابش مہدی کی ازدواجی زندگی کا آغاز 18 مئی 1979ء کو ہوا، جب ان کا نکاح دیوبند کے معروف خاندان کی فرد راضیہ عثمانی بنت ممتاز احمد عثمانی بن اشتیاق احمد قاسمی عثمانی سے ہوا۔ ان کی سات اولاد ہے، جن میں دو بیٹے (شاہ دانش فاروق فلاحی، شاہ اجمل فاروق ندوی) اور پانچ بیٹیاں (ثمینہ تابش صالحاتی، طوبیٰ کوثر صالحاتی، یمنیٰ کلثوم، نعمیٰ کلثوم) شامل ہیں۔

پیشہ ورانہ زندگی

تدریسی خدمات

تابش مہدی کی تدریسی زندگی کا آغاز جولائی 1971ء میں ابوالکلام آزاد کالج، پرتاپ گڑھ سے ہوا۔ تدریسی خدمات کا سلسلہ مختلف اداروں میں جاری رہا:

☆1971ء تا 1973ء: ابوالکلام آزاد کالج، پرتاپ گڑھ۔

☆1974ء تا 1978ء: دارالعلوم، امروہہ۔

☆1986ء تا 1990ء: جامعۃ الفلاح، بلریا گنج، اعظم گڑھ۔

☆اپریل 2018ء تا وفات: اسلامی اکادمی جماعت اسلامی ہند، دہلی میں فن تجوید وقرائت کی تدریس۔

صحافتی خدمات

تابش مہدی نے اردو صحافت میں بھی گراں قدر خدمات انجام دیں، مختلف جرائد اور رسائل سے وابستگی رہی:

☆ مدیر: پندرہ روزہ ''پیغام حق''، پندرہ روزہ ''اجتماع''، ماہنامہ ''الایمان''۔

☆ معاون مدیر: ماہنامہ ''گل کدہ'' بدایوں (اعزازی)، ماہنامہ ''ذکریٰ'' رامپور، ''تجلی''، ماہنامہ ''زندگی نو'' نئی دہلی، ماہنامہ ''ایوان اردو'' نئی دہلی، ماہنامہ ''کتاب نما'' دہلی۔

☆ رکن ادارت: ماہنامہ ''پیش رفت'' (2002ء تا وفات)۔

'' مشیر اعزازی و رکن ادارت: سہ ماہی ''کاروان ادب''، لکھنؤ (جنوری 2005ء تا وفات)۔

ادبی و علمی اداروں سے وابستگی:

تابش مہدی درج ذیل علمی وادبی اداروں سے گہرے طور پر منسلک رہے:

☆1991ء تا 2009ء: ایڈیٹر مرکزی مکتبہ اسلامی، دہلی۔

☆سابق نائب صدر و رکن اساسی، ادارۂ ادب اسلامی ہند۔

☆ چیئرمین ادبیات عالیہ اکادمی، لکھنؤ۔

☆ بانی رکن ابوالکلام آزاد انٹر کالج، پرتاپ گڑھ۔

☆ رکن عالمی رابطۂ ادب اسلامی، ہند

قلمی وادبی کاوشیں

تابش مہدی کی ادبی خدمات میں 55 سے زائد تصانیف ہیں جن میں شاعری، تنقید، تحقیق، تجزیہ، اور سفرنامے شامل ہیں۔

شعری مجموعے:

1. نقش اول (1971ء)
2. لمعات حرم (1975ء)
3. سرود حجاز (1977ء)
4. تعبیر (1989ء)
5. سلسبیل (2000ء)
6. کنکر بولتے ہیں (2005ء)
7. صبح صادق (2008ء)
8. طوبیٰ (2012ء)
9. غزل نامہ (2011ء)
10. مشک غزالاں (2014ء)
11. رحمت تمام (2018ء)
12. غزل خوانی نہیں جاتی (2020ء)
13. دانائے سبل (2023ء)

تنقیدی کتب:

1. مولانا منظور نعمانی کی تصویر (1980ء)
2. جماعت اسلامی حقیقت کے آئینے میں (1981ء)
3. تبلیغی نصاب—ایک مطالعہ (1983ء)
4. تبلیغی جماعت اپنے بانی کے ملفوظات کے آئینے میں (1985ء)
5. اردو تنقید کا سفر (1999ء)

6. نقدِ غزل (2005ء)

7. تنقید و ترسیل (2011ء)

تجزیے:

1. صل علی صل علی (1992ء)

2. میر امطالعہ (1995ء)

3. شفیق جونپوری-ایک مطالعہ (2002ء)

4. رباب رشیدی-ایک سخن ور پیارا سا (2006ء)

5. عرفانِ شہباز (2014ء)

6. حالی شبلی اور اقبال (2017ء)

سفر نامہ:

وہ گلیاں یاد آتی ہیں (2007ء)

حاصل شدہ اعزازات

تابش مہدی کو ان کی علمی و ادبی خدمات پر کئی اعزازات سے نوازا گیا، جن میں سے بعض کا ذکر درج ذیل ہے:

1. حضرت حسان ایوارڈ (2005ء)- کل ہند حمد و نعت اکادمی، دہلی

2. شان ادب ایوارڈ (2011ء)- بزم ادب دیوبند

3. نشان اردو (2013ء)- اردو اکادمی نیپال۔

4. راسخ عظیم آبادی ایوارڈ (2013ء)- بہار اردو اکادمی، پٹنہ۔

5. ضیاء فتح آبادی ایوارڈ (2014ء) - مہر فاؤنڈیشن، دھولیہ، مہاراشٹر

6. فریو واہی ایوارڈ (2014ء) - فریو واہی اکادمی، الہ آباد

7. ایوارڈ برائے اردو شاعری (2015ء) اردو اکادمی دہلی

8. قومی یک جہتی ایوارڈ بہ خطاب افتخار ادب (2021ء)- بزمِ اردو، سیتاپور۔

9. علامہ اقبال ایوارڈ برائے شعر و ادب (2021ء) -اردو ڈویلپمنٹ آرگنائزیشن، انڈیا۔

وفات

ڈاکٹر تابش مہدی کی وفات 22 جنوری 2025ء کو 74 برس کی عمر میں دہلی کے میکس ہاسپٹل میں ہوئی، جہاں وہ دل اور گردے کی بیماریوں کے علاج کے لیے زیر علاج تھے۔ ان کا انتقال 22 جنوری کی صبح دس بجے ہوا۔ ان کی علمی اور ادبی خدمات اردو زبان و ادب کے لیے ایک قیمتی سرمایہ ہیں جو ہمیشہ زندہ رہیں گی اور آنے والے دور میں بھی اردو ادب کے چراغ کو روشن رکھیں گی۔ ان کے لواحقین میں ان کی بیوہ اور چھ اولادیں شامل ہیں، جن میں ایک صاحبزادی ڈاکٹر ثمینہ تابش مانو حیدر آباد میں پروفیسر ہیں۔ ان کی تجہیز و تکفین دہلی کے شاہین باغ قبرستان میں کی جائے گی۔

☆☆☆

اخلاقِ نبوی صلی اللہ علیہ وسلم

علامہ شبلی نعمانیؒ

حضرت حفصہؓ

حضرت حفصہؓ، حضرت عمرؓ کی صاحبزادی تھیں، ماں کا نام زینب بنت مظعون تھا، بعثت سے پانچ برس پہلے عین اس سال جب قریش خانہ کعبہ کو تعمیر کر رہے تھے، پیدا ہوئیں، ان کی پہلی شادی خنیسؓ بن حذافہ سے ہوئی اور ان ہی کے ساتھ مدینہ کو ہجرت کی، خنیسؓ نے غزوۂ بدر میں زخم کھائے اور واپس آکر ان ہی زخموں کی وجہ سے شہادت پائی، خنیسؓ نے اپنی یادگار میں حضرت حفصہؓ کے بطن سے کوئی اولاد نہیں چھوڑی۔

حضرت حفصہؓ کے بیوہ ہو جانے کے بعد حضرت عمرؓ کو ان کے نکاح کی فکر ہوئی، سوء اتفاق سے اسی زمانہ میں حضرت رقیہؓ کا انتقال ہو چکا تھا، اس بنا پر سب سے پہلے حضرت عمرؓ نے ان کے نکاح کی خواہش حضرت عثمانؓ سے کی، انھوں نے کہا کہ میں اس معاملہ میں غور کروں گا، حضرت عمرؓ نے حضرت ابوبکرؓ سے ذکر کیا، انھوں نے خاموشی اختیار کی، حضرت عمرؓ کو ان کی بے التفاتی سے رنج ہوا، اس کے بعد خود جناب رسالت پناہؐ نے حضرت حفصہؓ سے نکاح کی خواہش کی، نکاح ہو گیا تو حضرت ابوبکرؓ حضرت عمرؓ سے ملے اور کہا کہ جب تم نے مجھ سے حفصہؓ کے نکاح کی درخواست کی اور میں خاموش رہا تو تم کو ناگوار گذرا، لیکن میں نے اسی بنا پر کچھ جواب نہیں دیا کہ رسول اللہ ﷺ نے ان کا ذکر کیا تھا اور میں آپ کا راز فاش کرنا نہیں چاہتا تھا، اگر رسول اللہ ﷺ نے ان سے نکاح نہ کر لیا ہوتا تو میں اس کے لیے آمادہ تھا۔

حضرت حفصہؓ آخر حضرت عمرؓ کی بیٹی تھیں، اس لیے مزاج میں ذرا تیزی تھی، صحیح بخاری میں واقعۂ ایلا کے متعلق خود حضرت عمرؓ کا بیان ہے کہ ''ہم لوگ زمانۂ جاہلیت میں عورتوں کو کوئی چیز نہیں سمجھتے تھے، میں ایک دن کسی معاملہ میں غور کر رہا تھا، اتفاق سے میری بی بی نے مجھ کو مشورہ دیا، میں نے کہا تم کو ان معاملات میں کیا دخل ہے، بولیں کہ تم میری بات پسند نہیں کرتے حالانکہ تمہاری بیٹی رسول اللہؐ کو برابر کا جواب دیتی ہے، میں اٹھا اور حفصہؓ کے پاس آیا، میں نے کہا بیٹی! تم رسول اللہ ﷺ کو جواب دیتی ہو، یہاں تک کہ آپؐ دن بھر رنجیدہ رہتے ہیں، بولیں، ہاں ہم ایسا کرتے ہیں، میں نے کہا خبردار، میں تمھیں عذابِ الٰہی سے ڈراتا ہوں، تم اس کے گھمنڈ میں نہ آجانا جس کے حسن نے رسول اللہؐ کو فریفتہ کر لیا ہے۔ (یعنی عائشہؓ)

ترمذی میں ہے کہ ایک دفعہ حضرت صفیہؓ رو رہی تھیں، آنحضرت ﷺ تشریف لائے اور رونے کی وجہ پوچھی، انھوں نے کہا مجھ کو حضرت حفصہؓ نے کہا ہے کہ ''تم یہودی کی بیٹی ہو'' آپؐ نے فرمایا ''تم نبی کی بیٹی ہو، تمہارا چچا پیغمبر ہے اور پیغمبر کے نکاح میں ہو، حفصہؓ تم پر کس بات میں فخر کر سکتی ہے۔''

ایک بار حضرت عائشہؓ اور حفصہؓ نے حضرت صفیہؓ سے کہا کہ ''ہم رسول اللہؐ کے نزدیک تم سے زیادہ معزز ہیں، ہم آپؐ کی بیوی بھی ہیں اور چچازاد بہن بھی'' حضرت صفیہؓ کو ناگوار گذرا، انھوں نے آنحضرت ﷺ سے اس کی شکایت کی، آپؐ نے فرمایا کہ ''تم نے یہ کیوں نہیں کہا کہ تم مجھ سے زیادہ کیوں کر معزز ہو سکتی ہو، میرے شوہر محمدؐ، میرے باپ ہارونؑ اور میرے چچا موسیٰؑ ہیں۔ (سیرۃ النبیؐ، جلد: دوم، ص: ۳۲۶-۳۲۸)

مولوی حبیب الرحمن-حیدرآباد

اعمال کی قبولیت کے شرائط الٰہی

آخرت میں دوزخ سے بچنے کے لئے اللہ کے بندوں کو دنیا میں جو کام کرنا ہے وہی دین اسلام ہے(سورہ ال عمران: 19)یعنی زندگی کے ہر معاملہ میں اپنے پیدا کرنے اور پرورش کرنے والے کے احکام وہدایات کی اطاعت وفرمانبرداری کرنا ہے۔اسی لئے اللہ نے بندوں کے اعمال کو قبول کرنے کے لئے اپنے حسب ذیل شرائط مقرر فرمایا ہے۔اعمال قبول کئے جانے کے شرائط الٰہی بتانے کی بجائے اعمال کے فضائل بتانا کس تعریف میں آتا ہے۔غور کرلیا جائے۔

1) مقصد صحیح ہونا:

نماز'زکوٰۃ'روزہ'حج'قربانی ان عبادات سے ابدی زندگی کی تباہی کا خوف پیدا ہوتا ہے۔چونکہ اللہ کا اٹل قانون یہ ہے کہ زندگی میں اگر اللہ اور رسول اللہ صلی اللہ علیہ وسلم کی نافرمانی کی جائے تو ابدی زندگی تباہ ہو جاتی ہے۔اسی ابدی تباہی سے بچنے کے لئے اللہ تعالیٰ کی نافرمانی کرنے سے بچنے کی کوشش کرنا ہی دراصل تقویٰ ہے(سورہ البقرہ:21،183'الحج:37)۔تقویٰ کا انعام جنت ہے چنانچہ ارشاد الٰہی ہے، جنت صرف متقیوں ہی کے لئے ہے(سورہ محمد:15'الذاریات:15'الطور:17'القلم:34'النباء:31)۔یہ اعمال یعنی روزہ'نماز'حج' قربانی وحصولِ تقویٰ کے بجائے اگر ثواب کے لئے کئے جائیں تو مقصد غلط ہونے کی وجہ سے قبول نہیں ہوں گے چنانچہ(نیک اعمال کا دارومدار نیتوں پر ہے)فرمایا گیا:(حدیث)

2) ھُوَ مُؤْمِنٌ (وہ ایمان والا ہو)(النساء:124'النحل: 97'اسریٰ:19'طٰہٰ:112'انبیاء:94اور المؤمن:48):-

یعنی لا الہ الا اللہ کا نہ صرف زبان سے اقرار کرنے والا بلکہ اپنے ایمان کو شرک کے اجزاء سے بچانے کی بھی کوشش کرنے والا ہو(سورہ انعام:82'الزمر:17)ورنہ شرک سے تمام نیک اعمال برباد کردیئے جائیں گے(سورہ انعام: 88'الزمر:65)۔

3) ریاء سے پاک:

لوگوں کو دکھانے کے لئے نہیں بلکہ آخرت میں کامیابی کے لئے عمل کیا جائے جو لوگوں کو دکھانے کے لئے نیک عمل کرتا ہے یا اپنا مال خرچ کرتا ہے، دراصل وہ نہ اللہ پر ایمان رکھتا ہے نہ آخرت کے دن پر(البقرہ:264)۔ریا کی ضد اخلاص ہے۔ذرا سا بھی دکھاوا شرک ہے(حدیث)۔

4) عبادت'ذکر و یاد'اوراد و وظائف'ثواب کے کام'تزکیہ نفس اور تطہیر قلب کے تمام طریقے سنّتِ رسولؐ اور اسوۂ کے مطابق ہونا لازمی ہے(سورہ النساء:115'احزاب:21) "کُلُّ بِدْعَةٍ ضَلَالَةٌ" اگر یہ اعمال سنّتِ رسولؐ اور اسوۂ صحابہؓ کے مطابق نہ ہوں تو قطعی بدعت ہے گمراہی ہے اس لئے ان کو شَرُّ الْاُمُوْرِ مُحْدَثَاتُهَا(مندرجہ بالا اعمال سنّتِ رسولؐ اور اسوۂ صحابہؓ کے مطابق نہ ہوں تو یہ بدترین کام ہیں) فرمایا گیا ہے گمراہی حسنہ وسیہ نہیں ہوسکتی بلکہ ہلکی یا سنگین

ہوسکتی ہے۔اس لئے بدعت حسنہ وسیہ کی تقسیم غلط ہے۔

5) صرف وہی عمل قبول ہوگا جو حالت اطاعت وفرمانبرداری میں کیا گیا ہو "یَتَقَبَّلُ اللّٰہُ مِنَ الْمُتَّقِیْنَ" (المائدہ:27) ترجمہ: (اللہ تعالیٰ پرہیزگاروں کی نیاز قبول فرماتے ہیں) حالت نافرمانی میں کیا ہوا عمل ہرگز قبول نہیں ہوگا (التوبہ: 53، 54، 61) اسی لئے ہر وقت توبہ کرتے رہنا اور اپنی غلطیوں کو دور کرنے کی کوشش کرتے رہنا ضروری ہے۔

6) عمل کو قبول کرنے کی التجاء امید وخوف کے ساتھ کی جائے (سورہ اعراف:56، 57، البقرہ: 127) کیونکہ عمل میں کیا غلطیاں ہیں اور کتنی خرابیاں ہیں اللہ تعالیٰ ہی جانتے ہیں۔ ابراہیمؑ دعا میں دعاء کو قبول کرنے کے لئے دعاء کئے ہیں (سورہ ابراہیم:40)۔

7) عمل کرتے وقت دل کی حالت:

نیکی پر نیکی کرنے والوں کے دل، حساب دینے کے لئے رب کے سامنے کھڑے ہونے کے تصور ہی سے خوف کھاتے ہیں (سورہ المومنون: 60-61)۔ نیک اعمال کرکے ان کی قبولیت کے لئے اللہ تعالیٰ سے دعا نہ کرنا پیغمبروں کے طریقہ کے خلاف کرنا ہے۔"وَاِذْ یَرْفَعُ اِبْرٰھِیْمُ الْقَوَاعِدَ مِنَ الْبَیْتِ وَاِسْمٰعِیْلُ، رَبَّنَا تَقَبَّلْ مِنَّا اِنَّکَ اَنْتَ السَّمِیْعُ الْعَلِیْمُ . رَبَّنَا وَاجْعَلْنَا مُسْلِمَیْنِ لَکَ وَمِنْ ذُرِّیَّتِنَآ اُمَّۃً مُّسْلِمَۃً لَّکَ وَاَرِنَا مَنَاسِکَنَا وَتُبْ عَلَیْنَا اِنَّکَ اَنْتَ التَّوَّابُ الرَّحِیْمُ"(سورہ البقرہ: 127-128) ترجمہ: (اور جس وقت ابراہیمؑ اور اسماعیلؑ اس گھر کی (تعمیر کررہے تھے یعنی) دیواریں بلند کررہے تھے (ان کی دعائیں یہ تھیں) اے ہمارے رب ہم سے یہ خدمت قبول فرما۔ بے شک آپ ہی (دعاؤں کو) سننے والے اور ہر چیز جاننے والے ہیں۔اے ہمارے پروردگار ہم کو اپنا اطاعت گزار بندہ بنادیجئے، نہ صرف ہم کو بلکہ ہماری نسلوں کو بھی ایسی امّت بنائیے جو آپ کی فرمانبردار ہو اور ہم کو اس گھر کی زیارت کے آداب (مناسکِ حج) بتادیجئے اور ہمارے حال پر ہمیشہ توجہ فرماتے رہیے۔ بے شک آپ بڑے ہی معاف کرنے والے اور بار بار رحم کرنے والے ہیں) اور آگے بھی دعا کا سلسلہ جاری ہے۔ یہاں ہم کو اہم ترین سبق یہ بھی مل رہا ہے کہ انبیاء علیہم السلام بھی خود سے عبادات کے طریقے تجویز نہیں کرلیتے بلکہ تمام انبیاء کرام طریقۂ عبادت کے لئے اپنے رب کے حکم کے محتاج تھے بلکہ یہ جانتے تھے کہ اپنے طور سے عبادت کرنے میں رب کی ناراضگی اور پکڑ ہوگی۔

مقاصدِ قیام ادارۂ اہل سنّت والجماعت

1) مسلمانوں پر فرض ہے کہ کتاب وسنّت اور اسوۂ صحابہؓ کے معیار پر مسلمان بنیں اور جو لوگ اسلام دینِ حق و دینِ فطرت سے برگشتہ بہ الفاظ دیگر اللہ تعالیٰ اور حیات بعد الموت سے غافل ہیں؛ ان کو اپنے قرآنی اعمال و افکار سے بندگیِ حق کا درس و انسانیت کا سبق دیں تاکہ راہِ حق سے بھٹکے ہوئے انسان اپنی دنیا پرستانہ روش کو چھوڑ کر آخرت کی ابدی زندگی کو بہتر بنائیں۔ چونکہ خواص المسلمین ہی اس فرض کو فراموش کرچکے ہیں، اس لئے اس بھولے ہوئے فریضہ کو حسبِ منشاء آیت کریمہ "وَلْتَکُنْ مِّنْکُمْ اُمَّۃٌ یَّدْعُوْنَ اِلَی الْخَیْرِ وَیَاْمُرُوْنَ بِالْمَعْرُوْفِ وَیَنْھَوْنَ عَنِ الْمُنْکَرِ، وَاُولٰٓئِکَ ھُمُ الْمُفْلِحُوْنَ" (سورہ آل عمران:104) ترجمہ: (تم میں ایک ایسی جماعت ضرور رہنا چاہئے جو نیکی کی طرف بلائے، بھلائی کا حکم دے اور برائیوں سے روکے، جو یہ کام کریں وہی فلاح پائیں گے) انجام دینے اور "لا الہ الا

اللہ" نہیں ہے کوئی معبود (حاجت روا، مشکل کشا، داتا، فریادرس، مختارِ کل، قادر مطلق) سوائے اللہ کے، کی طرف بلانے اور شرک و بدعات سے منع کرنے کے لئے ارشادِ رسولؐ "ما انا علیہ واصحابی" (ترمذی) ترجمہ: (جو فرقہ اس راہ پر چلے جس پر میں ہوں اور میرے اصحاب ہیں) کے معیار پر ادارۂ ہذا قائم کیا گیا ہے۔ نیز مذکورہ معیارِ حق ہی ایسا معیار ہے جس پر مسلمانوں کے تمام مختلف فرقے و جماعتیں متحد ہوسکتے ہیں اور ان کے تمام اختلافات دور ہوسکتے ہیں۔

2) (ادارۂ اہل سنت و جماعت) جس کے عقائد قرآن کے اور اعمال سنتِ رسولؐ اور صحابہ کرامؓ کے مطابق ہوں۔

3) مسلمانوں کی ایسی جماعت تیار کی جائے جن کے افکار و اعمال الٰہی و نبوی تعلیم اور اسوہ صحابہ کرامؓ کے دانش و بینش و روش کے مطابق ہوں کیونکہ صحابہ کرامؓ ہی کی زندگی ہمارے لئے معیارِ حق ہے اور قابلِ تقلید نمونہ (سورہ النساء:115) انہی اصحابِ رسول نے اپنی مجاہدانہ زندگی سے جہل و غفلت کی دنیا میں نورِ حق کو پھیلایا۔

عصرِ حاضر کی نام نہاد مہذب و ترقی یافتہ دنیا بھی عصرِ قدیم کی طرح جہل و ظلمت کی تاریکیوں میں سفرِ حیات طے کررہی ہے اور گمراہی میں مبتلا ہوتی جارہی ہے اور غیر شعوری طور پر مسلمان بھی انہیں کے پیروِ راہ بنے ہوئے ہیں۔ ایسی بگڑی ہوئی دنیا کی اصلاح کی کوشش وہی لوگ کرسکتے ہیں جو صحابہ کرامؓ کی روش پر گامزن ہوں۔ پس عصرِ حاضر کی تاریکیوں کو دور کرکے نورِ حق پھیلانے کی بے لاگ جدوجہد بالفاظ دیگر دنیا پرستوں کو آخرت کا طالب و حریص بنانے کی تن، من، دھن سے پوری کوشش کرنا۔ اہلِ باطل کے خلاف بلالحاظ وضررِ جان و مال علمی، عملی و لسانی جدوجہد کرنا ادارہ کے فرائض ہیں تاکہ خود اپنے آپ کو اور تمام انسانوں کو آخرت کے دائمی عذابِ شدید و الیم سے بچاسکیں اور لافانی، من مانی، دائمی عیش و عشرت کی زندگی جنت و دراجاتِ جنت پاسکیں۔ قانونِ الٰہی بھی یہی ہے کہ دنیا و آخرت میں عذاب سے کس طرح بچا جاسکتا ہے (سورہ اعراف:164-165)۔

مقصد یعنی نصب العین: مغفرت الٰہی و جنت و درجات جنت کا مستحق بننا اخروی و ابدی زندگی کو بہتر بنانا ہے۔

(ماخوذ: رہنمائے فطرت، ص۱۶۳-۱۶۷)

نایاب حسن-دہلی

ہندوستان کے مسلمانوں کی تعلیمی پسماندگی دور کرنے والی عظیم شخصیت بھی اللہ کو پیاری ہوگئی

مولانا غلام محمد وستانوی

اس کی امیدیں قلیل، اس کے مقاصد جلیل!

ہندوستانی مسلمانوں کی تعلیمی پسماندگی کا رونا رونے والے دانشوروں کی کمی نہیں، مگر ایسے باہمت مردانِ کار انگلیوں پر گنے جاسکتے ہیں، جو سینہ کوبی کی بجائے عملی جدوجہد میں یقین رکھتے اور قوم کو تعلیمی ترقیات سے ہم کنار کرنے میں اپنی زندگیاں کھپا دیتے ہیں۔ بلا شبہ مولانا غلام محمد وستانوی انھی چیدہ وچنیدہ شخصیات میں تھے۔مولانا کو ایک اور خاصیت ایسے دوسرے خادمینِ قوم سے یوں ممتاز کرتی تھی کہ وہ خود خالص دینی و مذہبی تعلیمی پس منظر رکھنے کے باوجود قوم کی ہمہ جہت ترقی کا خواب دیکھتے رہے اور اسے شرمندۂ تعبیر کرنے کی بھی بھرپور کاوشیں کیں؛ چنانچہ جہاں انھوں نے مہاراشٹر کے دور دراز خطے اکل کوا، نندوربار میں 1979 میں ایک عظیم الشان دینی تعلیمی مرکز قائم کیا، جہاں درسِ نظامی کے مطابق فضیلت تک کی تعلیم کے علاوہ تخصصات کے مختلف شعبے قائم ہیں، وہیں انجینئرنگ، میڈیکل، فارمیسی، لا، ٹیچر ٹریننگ، انڈسٹریل ٹریننگ وغیرہ کے ادارے قائم کرکے مسلم نوجوانوں کو عصری تقاضوں سے ہم آہنگ علوم اور اسکلز سے لیس کرنے کی مہم بھی انھوں نے چلائی اور اپنی اس نیک اور انقلابی مہم میں نہایت کامیاب بھی رہے۔

کئی کلومیٹر میں پھیلے جامعہ اشاعت العلوم اور اس سے ملحق دیگر اداروں کی عمارتوں، ان کے کیمپسز، وہاں کے ماحول کی شفافیت، نظم ونسق وغیرہ دیکھ کر زائرین عش عش کرتے ہیں اور ڈھیر ساری خوشگوار حیرانیاں سمیٹ کر اس دیار سے لوٹتے ہیں۔

رفاہی شعبوں میں بھی ان کی خدمات نہایت تابناک ہیں، قومی وملی بحرانوں کے موقعوں پر انھوں نے بلاتفریق متاثرین کی مدد کی اور ان کے درد کا مداوا کرنے کی بھرپور کوششیں کیں۔دینی اداروں اور مدارس کو بھی ان کے ہاں سے صرف تصدیق نامے نہیں جاری کیے جاتے تھے؛ بلکہ بہت سے اداروں کے لیے سالانہ ایک متعینہ امدادی رقم بھی جاری کی جاتی تھی۔

مولانا وستانوی کی خدمت کا ایک نہایت روشن پہلو قرآنی مسابقوں کا نہایت خوب صورت سلسلہ بھی ہے، جس کی بدولت انھوں نے ہندوستان میں قرآن فہمی اور قرآن کو

تجوید کی رعایت کے ساتھ پڑھنے کی عمومی فضا قائم کی، یہ سلسلہ آج بھی اسی طرح جاری ہے؛ بلکہ ان کی دیکھا دیکھی دوسرے، بہت سے ادارے اور افراد بھی اس قسم کے مسابقوں کا اہتمام کرنے لگے ہیں۔

دارالعلوم دیوبند کے منصب اہتمام پر فائز کیے جانے کے بعد ان کے خلاف برکا کیے گئے ہنگامے کے دوران ان کی شخصیت اور کیرکٹر کا ایک روشن پہلو یہ سامنے آیا کہ انھوں نے تمام تر وسائل ہم دست ہونے کے باوجود مخالف فریقوں کو زیر کرنے کے لیے کوئی ایسا قدم نہیں اٹھایا، جس سے دارالعلوم جیسے عالمی ادارے کی توقیر کو نقصان پہنچے؛ بلکہ اس سب کے بعد بھی دارالعلوم سے بحیثیت رکن شوریٰ وابستہ رہے اور اس کی تعمیر وترقی میں حسب معمول حصہ لیتے رہے۔

ہمیشہ خنداں وفرحاں اور سادہ و بے تکلف نظر آنے والے مولانا وستانوی چھوٹی بڑی مجلسوں میں گفتگو بھی بڑی سادہ اور زوداثر کرتے تھے، ان کی آواز میں گھن گرج، چرب زبانی اور ہنگامہ آرائی کی کیفیت نہ ہوتی تھی، ٹھہر ٹھہر کر، نہایت سنجیدہ انداز میں گفتگو کرتے اور قوم و ملت کے تئیں اپنے دل کا درد سامعین ومخاطبین میں منتقل کرنے کی کوشش کرتے۔ا

لغرض مولانا وستانوی کی شخصیت متنوع الجہات، قابلِ قدر، پرکشش اور ہندوستانی مسلمانوں کی تعلیمی ترقی، رفاہی و سماجی خدمت کے حوالے سے غیر معمولی امتیاز و انفراد کی حامل تھی۔ اللہ پاک ان کی مغفرتِ کاملہ فرمائے اور ان کی چھیڑی گئی تعلیمی تحریک یوں ہی جاری وساری رہے۔

☆☆☆

مفتی عبید اللہ شمیم قاسمی۔استاد حدیث وفقہ جامعہ اسلامیہ مظفر پور، اعظم گڑھ، یوپی، انڈیا

خادم قرآن کی رحلت

مولانا غلام محمد وستانوی صاحب کی وفات

(ولادت: 1950ء، وفات: 2025ء)

4/مئی 2025ء بروز اتوار خادم قرآن حضرت مولانا غلام محمد صاحب وستانوی رحمہ اللہ بھی اپنی حیات مستعار کے 75 برس مکمل کر کے خالق حقیقی سے جا ملے۔

إنا لله وإنا إليه راجعون إن لله ما أخذ وله ما أعطى وكل شيء عنده بأجل مسمى

یوں تو دنیا کی ہر شی کو فنا ہے، باقی رہنے والی ذات صرف اللہ رب العزت کی ہے، ارشاد باری تعالی ہے: ﴿كل من عليها فان ويبقى وجه ربك ذو الجلال والإكرام﴾ (الرحمٰن: 26، 27).

حضرت مولانا وستانوی صاحب رحمہ اللہ نے اپنی زندگی قرآن کریم کی خدمت کے لئے وقف رکھی تھی اور وہ بجا طور پر اس بات کے مستحق تھے کہ انہیں خادم القرآن کا لقب دیا جائے، حضرت مولانا نے اپنے جامعہ اشاعت العلوم اکل کوا میں حفظ کا ایک منظم اور مثالی نظام قائم فرمایا اور ملک کے دیگر اداروں کے لئے ایک جہت دی۔

قرآن کریم کو تجوید کے ساتھ پڑھنے اور اس پر توجہ مرکوز کرنے کے لئے آپ نے پورے ملک میں مسابقہ قرآن کریم کی طرح ڈالی، جس میں شرکت کرنے کے بعد مساہمین کو آگے بڑھنے اور کتاب اللہ سے اپنے ربط کو مزید مستحکم کرنے میں بھرپور مدد ملتی ہے۔

جو لوگ اس مسابقے اور اس کی فروعات سے واقف ہیں وہ جانتے ہیں کہ اس میں شرکت کرنے اور حکم حضرات کے جوابات دینے کے لئے کس قدر تیاری کی ضرورت پڑتی ہے۔

حضرت مولانا وستانوی صاحب دل دردمند اور فکر ارجمند کے مالک تھے، آپ نے سورت کے ایک متوسط گھرانے میں آنکھیں کھولی اور چند سال بعد آپ کا گھرانہ ہجرت کر کے وستانہ آ گیا، جو کہ بالکل غیر معروف جگہ تھے مگر آپ نے اللہ کے فضل وکرم اور اپنی جد وجہد نیز اساتذہ اور اپنے شیخ کی دعا کی برکت سے اس غیر معروف علاقے کو گل گلزار بنا دیا اور یوں کہیں کہ جنگل میں منگل کا سماں کر دیا تو غلط نہیں ہوگا، آج بہت سے ایسے افراد ہوں گے جنہیں اکل کوا کس ضلع میں واقع ہے اس کا علم نہیں ہوگا مگر اکل کوا کا نام سنتے ہی فوراً حضرت مولانا وستانوی صاحب کی شخصیت اور ان کا مدرسہ ذہن میں آ جاتا ہے، یہ ساری برکتیں حضرت وستانوی صاحب کے دم سے قائم تھی۔

حضرت مولانا نے حفظ کلام اللہ مدرسہ قوت الاسلام کوساڑی میں مکمل کیا اس کے بعد آگے کی تعلیم کے لئے مدرسہ شمس العلوم بروڈہ تشریف لے گئے اور بعد ازاں 1964ء میں مدرسہ فلاح دارین ترکیسر میں داخل ہوئے جہاں 1972ء تک عربی کی تعلیم حاصل کی، آپ کے اساتذہ میں مولانا عبداللہ صاحب کاپودروی کا نام نمایاں طور پر شامل ہے، اسی زمانے میں فلاح دارین مدرسہ میں بخاری شریف پڑھانے کے لیے استاذ کی ضرورت پڑی تو وہاں کے مہتمم حضرت شیخ الحدیث مولانا محمد زکریا صاحب کاندھلوی نوراللہ مرقدہ کے یہاں سہارن پور تشریف لے گئے اور ایک شیخ الحدیث طلب کیا تو حضرت شیخ نے مولانا تقی الدین ندوی صاحب دامت برکاتہم کو گجرات بھیجا جو اس سے پہلے تقریبا دس سال تک دارالعلوم ندوۃ العلماء لکھنؤ میں تدریسی خدمات انجام دے چکے تھے۔

اس طرح 1967ء میں وہاں دورہ حدیث شریف قائم ہوا جس کے پہلے شیخ الحدیث حضرت مولانا ڈاکٹر تقی الدین ندوی صاحب دامت برکاتہم ہوئے، حضرت مولانا سے مولانا وستانوی صاحب کو شرف تلمذ تو نہیں تھا البتہ مولانا وستانوی صاحب ڈاکٹر صاحب دامت برکاتہم کی خدمت کیا کرتے تھے اور چائے وغیرہ بنایا کرتے تھے جسے بعد میں دونوں حضرات بیان کرتے تھے، مولانا وستانوی صاحب اواخر 1972ء میں دورہ حدیث شریف کے لئے مظاہر علوم سہارن پور تشریف لے گئے اور مولانا تقی الدین ندوی صاحب دامت برکاتہم حضرت شیخ الحدیث رحمۃ اللہ علیہ کی خدمت میں بذل المجہود کے کام کے سلسلے میں ایک سال کے لئے سہارن پور تشریف لے گئے جس کے بعد وہ جامعہ ازہر اور پھر متحدہ عرب امارات چلے گئے۔

مولانا وستانوی صاحب نے 1973ء میں سہارن پور سے فراغت حاصل کی، آپ کے اساتذہ میں حضرت شیخ الحدیث مولانا محمد یونس صاحب جون پوری، حضرت مولانا عاقل صاحب سہارن پوری، حضرت مولانا اسعد اللہ صاحب رام پوری، اور حضرت مولانا سلمان صاحب سہارن پوری رحمہم اللہ وغیرہم تھے۔

رسمی تعلیم سے فراغت کے بعد مولانا وستانوی صاحب نے تدریسی میدان میں قدم رکھا اور پھر کچھ ہی عرصہ بعد 1979ء میں مدرسہ اشاعت العلوم کے نام سے اکل کوا میں مدرسہ قائم کیا جو آپ کی جد و جہد کی برکت سے اس وقت عالمی منظر نامے پر بھی نمایاں نظر آتا ہے۔

اللہ رب العزت نے حضرت مولانا وستانوی صاحب کے اندر بہت سی خصوصیات کو ودیعت فرمائی تھیں، ان میں سب سے خاص وصف کتاب اللہ سے محبت تھی، یہی وجہ ان کے جگہ جگہ مکاتب قائم کرنے اور قرآن مجید کو تجوید کے ساتھ پڑھنے کی بنی۔

حضرت مولانا وستانوی صاحب کا ایک خاص وصف اپنے اساتذہ سے محبت تھی، زمانہ طالب علمی میں بھی آپ اپنے اساتذہ سے بہت قریب رہے اور ان کی خدمت بجا لایا کرتے تھے، قیام سہارن پور میں خاص طور پر حضرت مولانا محمد یونس صاحب جون پوری رحمہ اللہ کی خدمت انجام دیتے تھے۔

آپ کو اپنے اساتذہ و بزرگوں سے محبت تھی یہی وجہ تھی کہ جب مشرقی یوپی میں مسابقہ منعقد کرنا ہوا تو جامعہ حسینیہ جون پور اور جامعہ شرقیہ اسلامیہ لونیہ ڈیہ کے بعد

جامعہ اسلامیہ مظفر پور اعظم گڑھ کو بھی اس کی میزبانی کا شرف حاصل ہوا۔

جامعہ اسلامیہ مظفر پور میں دو مسابقہ جامعہ اشاعت العلوم اکل کوا کی جانب سے منعقد ہوا، پہلے مسابقے میں حضرت مولانا وستانوی صاحب بنفس نفیس تشریف لائے تھے اور انعامی مجلس میں شرکت فرمائی، اس موقع پر مسابقہ قرآن کریم کی ابتدا اور اس کے نتائج نیز اس سے ہونے والے فوائد پر آپ نے تفصیلی روشنی ڈالی۔

اسی مسابقہ کے بعد جامعہ اسلامیہ کے صحن میں ایک عظیم الشان اجلاس عام منعقد ہوا تھا اس میں بھی آپ کا خطاب ہوا تھا، گرچہ آپ نے صرف 25 منٹ گفتگو فرمائی مگر بہت ہی والہانہ انداز میں خطاب فرمایا جس کا سامعین نے بہت اچھا اثر لیا۔

دوسرے مسابقہ میں آپ کی شرکت تو نہ ہو سکی مگر اس میں آپ کے صاحب زادے مولانا سعید احمد صاحب متوفی 2019ء تشریف لائے تھے اور آخری نشست میں ان کا پر مغز خطاب ہوا تھا، دونوں مسابقوں میں اس کے میر کارواں مولانا عبدالرحیم صاحب فلاحی رحمہ اللہ کی تشریف آوری ہوئی تھی، بعد میں ان کا بھی انتقال ہو گیا۔

رحمہ اللہ رحمۃ واسعۃ۔

حضرت مولانا وستانوی صاحب مسلم قوم کی پسماندگی کو دور کرنے اور انہیں مختلف میدانوں میں ترقی دلانے اور اعلی تعلیم کے دلانے کے لئے فکر مند تھے، اس کے لئے انہوں نے میڈیکل کالج اور انجینئرنگ کالج قائم کیے جس کا نظام بھی اعلی درجہ کا رکھا، جس کے فوائد آج دنیا کے سامنے آشکارا ہیں۔

حضرت مولانا وستانوی صاحب رحمہ اللہ گذشتہ دو سال سے بیمار تھے اور انہیں مختلف بیماریوں نے گھیر لیا تھا مگر اس عرصے میں جب کبھی افاقہ ہوتا تو طالب علم کے ذریعے آپ قرآن کریم سنا کرتے تھے۔

آپ نے کئی ہزار مکاتب قائم فرمائے، مختلف علاقوں میں مساجد کی تعمیر کرائی، میڈیکل کالج اور انجینئرنگ کالج بھی قائم فرمائے، آپ کے صاحبزادگان اور روحانی اولادیں اور مدارس و مساجد کا قیام آپ کے لئے صدقہ جاریہ ہوگا۔

آپ دارالعلوم دیوبند کی شوریٰ کے موقر رکن تھے 1419ھ میں آپ کو رکن شوریٰ منتخب کیا گیا جس پر اپنی وفات تک برقرار رہے۔ اسی طرح آپ ملک کے مختلف اداروں کے بانی ور کن شوریٰ تھے۔

آپ کی خدمات پر لکھنے والے لکھیں گے، اس مختصر مضمون میں اس کا احاطہ ممکن نہیں، یہ چند ٹوٹے پھوٹے غیر مرتب کلمات آپ کے انتقال پر لکھ دئے گئے، اللہ تعالیٰ حضرت مولانا وستانوی صاحب کی مغفرت فرمائے، درجات بلند فرمائے اور پسماندگان کو صبر جمیل عطا فرمائے اور آپ کے لگائے ہوئے گلشن کو قیامت تک سرسبز و شاداب رکھے۔ آمین یارب العالمین۔

آسمان ان کی لحد پر شبنم افشانی کرے
سبزہ نورستہ اس گھر کی نگہبانی کرے

☆☆☆

مرزا عبدالقیوم ندوی

وہ ہند سرمایہ ملت کا نگہبان
آہ! مولانا غلام محمد وستانوی

آج 4 مئی 2025 کو مولانا غلام محمد وستانوی صاحب کے انتقال کی المناک خبر سامنے آئی ہے۔وہ ہندوستانی مسلم کمیونٹی کے ایک ممتاز عالم دین اور ماہر تعلیم تھے، جن کی تعلیم اور سماجی اصلاح کے شعبوں میں خدمات ناقابل فراموش رہیں گی۔

ایک بصیرت افروز ماہر تعلیم

یکم جون 1950 کو گجرات کے کوساڈی میں پیدا ہونے والے مولانا وستانوی نے روایتی اسلامی تعلیم کے ساتھ ساتھ جدید علم کی اہمیت کو بھی بخوبی سمجھا تھا۔ انہوں نے کوساڈی کے مدرسہ قوت الاسلام سے اپنی تعلیم کا آغاز کیا، جہاں انہوں نے قرآن پاک حفظ کیا۔ اس کے بعد انہوں نے آٹھ سال تک بڑودہ کے مدرسہ شمس العلوم اور ترکیسر کے مدرسہ فلاح الدارین میں اسلامی تعلیم حاصل کی۔ انہوں نے سہارنپور کے مظاہر علوم میں بھی اعلیٰ تعلیم حاصل کی، جہاں انہوں نے ممتاز علماء سے اسلامی علوم اور حدیث کا گہرائی سے مطالعہ کیا۔

اپنی روایتی تعلیم کے ساتھ ساتھ مولانا وستانوی نے ایم بی اے کی ڈگری بھی حاصل کی تھی، جو مذہبی اور جدید تعلیم کے امتزاج کے بارے میں ان کی منفرد سوچ کی عکاس ہے۔ انہوں نے ممتاز صوفی شخصیات سے روحانی رہنمائی بھی حاصل کی تھی۔

جامعہ اسلامیہ اشاعت العلوم کا قیام

مولانا وستانوی کی سب سے اہم کامیابیوں میں سے 1979 میں مہاراشٹر کے اکل کوا میں جامعہ اسلامیہ اشاعت العلوم کا قیام تھا۔ ایک چھوٹے سے مدرسے سے شروع ہوکر، یہ ادارہ ان کی بصیرت افروز قیادت میں ایک وسیع تعلیمی کمپلیکس میں تبدیل ہوگیا۔ جامعہ نہ صرف روایتی اسلامی تعلیم فراہم کرتا ہے، بلکہ سائنس، ٹیکنالوجی، انجینئرنگ، طب اور فارمیسی جیسے جدید مضامین میں بھی کورسز چلاتا ہے۔

ان کی سب سے قابل ذکر کامیابی ہندوستان کے پہلے اقلیتی ملکیت والے میڈیکل کالج، جالنہ میں انڈین انسٹی ٹیوٹ آف میڈیکل سائنس اینڈ ریسرچ کا قیام تھا، جسے میڈیکل کونسل آف انڈیا (MCI) نے تسلیم کیا ہے۔ اس کے علاوہ، ان کی قیادت میں جامعہ نے مہاراشٹر اور دیگر علاقوں میں کئی اسکول اور مساجد قائم کیں، جس سے تعلیم اور کمیونٹی کی ترقی کو نمایاں فروغ ملا۔

دارالعلوم دیوبند میں مختصر اور متنازعہ دور

مولانا وستانوی کو 10 جنوری 2011 کو دارالعلوم

دیوبند کا مہتمم مقرر کیا گیا تھا، جو اس معتبر ادارے کی 200 سالہ تاریخ میں اس عہدے پر فائز ہونے والے پہلے گجراتی تھے۔ ان کی تقرری سے ادارے میں جدیدیت کی امیدیں پیدا ہوئی تھیں۔

تاہم، ان کا دور مختصر اور متنازعہ رہا۔ گجرات کے اس وقت کے وزیر اعلیٰ نریندر مودی کی ترقیاتی پہلوؤں کی بظاہر تعریف کرنے اور 2002 کے فسادات سے آگے بڑھنے کی تجویز دینے والے ان کے تبصروں نے قدامت پسند عناصر کی مخالفت کو جنم دیا۔ بڑھتے ہوئے تنازعہ کی وجہ سے انہیں جولائی 2011 میں اپنے عہدے سے استعفیٰ دینا پڑا۔

وراثت

دارالعلوم دیوبند میں ان کا دور اگرچہ مختصر رہا، لیکن مولانا غلام محمد وستانوی نے تعلیم اور کمیونٹی کی ترقی کے شعبوں میں نمایاں خدمات انجام دیں۔ جامعہ اسلامیہ اشاعت العلوم ان کی بصیرت اور تعلیم کے لیے لگن کا زندہ ثبوت ہے۔ انہوں نے روایتی اور جدید تعلیم کو ہم آہنگ کرنے کی ایک منفرد مثال پیش کی، جس سے لاتعداد طلباء مستفید ہوئے۔

مولانا غلام محمد وستانوی صاحب کا انتقال ہندوستانی مسلم کمیونٹی اور تعلیمی برادری کے لیے ایک ناقابل تلافی نقصان ہے۔ ان کی تعلیمات، ان کے قائم کردہ ادارے، اور ان کے ترقی پسند خیالات ہمیشہ یاد رکھے جائیں گے۔ ہم ان کے اہل خانہ اور عزیز و اقارب سے دلی تعزیت کا اظہار کرتے ہیں۔ اللہ تعالیٰ ان کی روح کو سکون عطا فرمائے۔

☆☆☆

شاہنواز بدر قاسمی-بہار

حضرت مولانا غلام محمد وستانویؒ: ایک عہد ساز شخصیت

اپنی بلند و بالا خدمات اور عظیم کارناموں کیلئے مشہور، جامعہ اشاعت العلوم اکل کوا کے سربراہ اور دارالعلوم دیوبند کے سابق مہتمم و رکن شوریٰ حضرت مولانا غلام محمد وستانوی صاحب عالمی سطح پر محتاج تعارف نہیں، دینی وعصری تعلیم کے میدان میں مولانا وستانوی صاحب نے جو قابلِ فخر کارنامہ انجام دیا ہے وہ بلاشبہ اکیسویں صدی میں اس کی مثال نہیں ملتی، ہندوستان کی تاریخ میں وہ پہلے عالم دین ہیں جنہوں نے نہ صرف ہزاروں مدارس قائم کئے بلکہ عصری تعلیم کیلئے انہوں نے سینکڑوں اسکول سے لیکر میڈیکل کالج تک بنائے، ملک بھر میں سات سو سے زائد مساجد تعمیر کروا کر ایک مثال قائم کی، ہزاروں کی تعداد میں دینی وعصری تعلیم کیلئے الگ الگ ادارے قائم کئے، خدمت قرآن کیلئے بہت شمار کام کئے، حضرت مولانا غلام محمد وستانوی اپنی مختصری زندگی میں وہ کارنامے انجام دے گئے جسے کرنے کیلئے صدیوں گزر جاتے ہیں، وہ ایک ہمہ گیر، دور اندیش اور انقلابی شخصیت کے مالک تھے، انہوں نے تعلیمی میدان اور خدمت خلق کو اپنا مشن بنایا اور دیکھتے ہی دیکھتے وہ سب کر گزر گئے جو سن کر اور دیکھ کر یقین نہیں ہوتا۔

مولانا وستانوی صاحب سے میری پہلی ملاقات دارالعلوم دیوبند کا اہتمام سنبھالنے کے بعد اسی دن دارالعلوم کے مہمان خانہ میں ہوئی اور ملاقات اور رابطے کا یہ سلسلہ دراز ہوتا چلا گیا۔ مولانا کے ساتھ کئی سفر کئے، ان سے قریب رہنے کا خوب موقع ملا، وہ ایک ایماندار اور حق گو انسان تھے، انتہائی پرکشش اور نرم مزاج شخصیت کے مالک تھے، وہ تعمیری فکر پر یقین رکھتے ہیں، فضول اور غیر ضروری سرگرمیوں سے انہیں کوئی دلچسپی نہیں تھی، وہ اپنے وقت کے مومن کامل اور حضرت نانوتویؒ اور سرسید علیہ الرحمہ کے فکر کے حقیقی ترجمان تھے، انہوں نے اپنے عملی زندگی سے یہ ثابت کردیا کہ آج بھی ناممکن کو ممکن بنایا جاسکتا ہے۔ ایک نئی تاریخ رقم کر کے مولانا وستانوی ہم سب سے رخصت ہوگئے لیکن انہوں نے مسلمانوں کی ترقی وخوشحالی کیلئے جو تعمیری خواب دیکھا تھا اسے شرمندۂ تعبیر کرنے کیلئے وابستگانِ وستانوی ملک و بیرون ملک کے ہر کونے کونے میں سرگرم عمل ہیں۔

مولانا وستانوی یکم جون 1950ء میں صوبہ گجرات کے ضلع سورت میں واقع ایک گمنام گاؤں سرزمین وستان میں پیدا ہوئے، ہندوستان کو انگریزوں کی غلامی سے نجات حاصل ہوئے صرف تین سال کا عرصہ گزرا تھا گویا آزادی ہند کا آفتاب طلوع ہونے کے چند سال بعد ہی اسی ہندوستان کے افق پر ایک ایسا آفتاب بھی طلوع ہوا جس نے محض 75 سال کی عمر میں اپنی خدمات اور روشن کارناموں سے دنیا کو منور کردیا، علماء بہت ہوئے ہیں، علم دوستوں کی بھی کمی نہیں، خدا کی بنائی ہوئی اس سرزمین پر بڑے بڑے علم

والے موجود ہیں لیکن خدمت کا جو جذبہ مولانا وستانوی کو حاصل ہوا، اس کی مثال نہیں، ان کی جلیل القدر خدمات اور کارنامے کا اثر ہے کہ ان کا گاؤں وستان جو کسی زمانے میں گمنام تھا آج وہ ہندوستان کے نقشے پر اپنا ایک خاص مقام اور اپنی شاندار شناخت رکھتا ہے۔

مولانا وستانوی کو اپنے دور کے اچھے اساتذہ کی شاگردی کا شرف حاصل ہوا، وہ زندگی کی آخری ایام میں بھی اپنے اساتذہ کی خدمت میں حاضری دے کر دعائیں لینے کا سلسلہ جاری رکھا، مدرسہ قوت الاسلام سورت اور مدرسہ شمس العلوم بڑودہ کے بعد مدرسہ فلاح دارین ترکیسر گجرات میں رہکر 1972ء میں دستار فضلیت حاصل کی، ترکیسر سے فراغت کے بعد جامعہ مظاہر علوم سہارنپور میں داخلہ لیکر مزید علمی تشنگی کو بجھاتے ہوئے حضرت مولانا مفتی مظفر حسینؒ، شیخ الحدیث حضرت مولانا یونس صاحب اور حضرت مولانا عاقل صاحب جیسے اہل علم سے فیض یاب ہوئے۔

فراغت کے بعد اپنی تدریسی زندگی کی شروعات دارالعلوم کنتھاریہ جیسے عظیم ادارے سے کی اور اپنی علمی صلاحیتوں سے وہاں کے طلباء کو مالا مال کیا۔ 1980ء میں انہوں نے مہاراشٹر کے اکل کوا نامی ایک علاقہ جو علم دین کی روشنی سے ناآشنا تھا، جہالت و بدعقیدگی اور بدعات و خرافات حد درجہ بڑھ چکا تھا، مولانا وستانوی نے پوری ہمت، جرات اور جفاکشی کے ساتھ صرف چھ طلبہ اور ایک استاذ سے جامعہ اشاعت العلوم اکل کوا کا آغاز کیا جو اس وقت الحمدللہ ہندوستان کی سرزمین پر اپنی نوعیت کا عظیم اور سب سے بڑا دینی و تعلیمی مرکز بن چکا ہے۔ مولانا وستانوی نے دینی تعلیم کیلئے جو مثالی قدم اٹھایا اسی کے ساتھ وقت اور حالات کو دیکھتے ہوئے اپنی دور اندیشی کی وجہ سے عصری تعلیم کیلئے بھی بے پناہ کام کئے۔ مولانا وستانوی نے اشاعت العلوم کے پلیٹ فارم سے اب تک تیس سے زائد کالج قائم کئے، انہوں نے عملی میدان میں کام کرنے والے نوجوان علماء کو تیار کر کے کام پر لگایا اور پورے ملک میں تعلیمی ادارے کا جال بچھا دیا۔ مدارس اور اسکولوں کے ساتھ مکاتب کے قیام پر بھی خاص زور دیا، مولانا نے قرآنی تعلیم پر توجہ دیتے ہوئے ملک بھر میں مسابقوں کا سلسلہ شروع کیا اور عمدہ قرآن پڑھنے والوں کی خوب حوصلہ افزائی کی اور گراں قدر انعامات سے نوازا۔

مولانا وستانوی صاحب کا اصلاحی تعلق شیخ الحدیث حضرت مولانا زکریا کاندھلویؒ اور حضرت مولانا قاری صدیق احمد باندویؒ سے رہا اور انہوں نے اپنے معمولات کو کبھی متاثر نہیں ہونے دیا۔ مولانا وستانوی اس عہد میں بھی اپنے اساتذہ اور بزرگوں کے نقش قدم پر چلتے ہوئے سادگی کی زندگی کو ترجیح دی اور تمام تر سہولیات ہونے کے باوجود شاہی زندگی سے دور رہے۔

مولانا وستانوی صاحب کے دو صاحبزادے برادرم مولانا حذیفہ وستانوی اور مولانا اویس وستانوی کو اللہ پاک صبر جمیل عطا فرمائے اور اللہ پاک جامعہ اشاعت العلوم اکل کوا کو حاسدین کے حسن سے حفاظت فرمائے اور اس عظیم تعلیمی مرکز کو مزید ترقیات سے نوازے۔ حضرت مولانا وستانوی کی وفات مسلمانانِ ہند کو جو ناقابلِ تلافی نقصان پہنچا ہے کی بھرائی مشکل ہے، تمام متعلقین خصوصاً محبان جامعہ اکل کوا کو صبر جمیل عطاء فرمائے۔

☆☆☆

سراج الدین ندوی

علم وعمل کے آفتاب ناظم اعلیٰ حضرت مولانا سید محمد عاقل صاحبؒ

طویل علالت کے بعد ہم سب کو داغ مفارقت دے گئے

28/ اپریل 2025 کو ایک واٹس اپ پیغام کے ذریعہ یہ جانکاہ خبر ملی کہ مدرسہ مظاہر العلوم کے ناظم اعلیٰ حضرت مولانا سید محمد عاقلؒ صاحب داغ مفارقت دے گئے۔ مولانا کا شمار ہندوستان کے ان بزرگوں میں ہوتا تھا جو ہمارے اسلاف کی یادگار نمونہ تھے۔ علم کی گہرائی و گیرائی ،تقویٰ و طہارت ،صداقت و دیانت، سادگی و عاجزی جیسے مومنانہ اوصاف میں وہ قابل تقلید نمونہ تھے۔

دو سال قبل میرا مظاہر العلوم سہارن پور جانا ہوا، تو ان کے چھوٹے بھائی حضرت مولانا مفتی محمد صالح صاحب مدظلہ العالی جو اس وقت نائب ناظم تھے، ان سے بعد نماز عصر مسجد میں ملاقات ہوئی ،موصوف بہت پرتپاک انداز سے ملے ،معانقہ کیا، پھر باصرار اپنے گھر لے گئے اور پر تکلف عصرانہ کرایا۔ اس موقع پر مولانا محمد ذوالفقار ندوی اور میرے دوست مولانا شوکت علی مظاہری بھی ہمراہ تھے۔ تفصیل سے گفتگو کرنے کے بعد ہم لوگ حضرت ناظم صاحب کے پاس گئے، وہ اس وقت بھی طلبہ کو درس دے رہے تھے۔ حالانکہ کبر سنی اور ضعف و نقاہت دیکھنے کے قابل تھی ،لیکن ان کا انہماک ہم لوگوں کے لیے قابل تقلید اور قابل رشک تھا۔ مولانا چالیس سال سے ابوداؤد شریف کا درس دے رہے تھے۔ مولانا شوکت علی مظاہری مدظلہ جوان کے شاگرد رہ چکے ہیں، انھوں نے بتایا کہ مولانا کا انداز درس بڑا بلیغ اور موثر ہوتا تھا اور مولانا ہم طلبہ سے بڑی شفقت اور محبت کرتے تھے۔ مولانا پہلے مدرسہ مظاہر العلوم میں مدرس رہے، پھر صدر مدرس رہے اور اب وہ ناظم اعلیٰ کی حیثیت سے اپنی خدمات عالیہ انجام دے رہے تھے۔

مولانا موصوف اسلاف کا نمونہ تھے، شیخ الحدیث حضرت مولانا محمد زکریاؒ کے داماد اور خلیفہ ہونے کی وجہ سے انھیں عوام وخواص میں بڑی مقبولیت حاصل تھی۔ پوری دنیا میں ان کے ہزاروں شاگرد آج بھی درس وتدریس اور مختلف پہلوؤں سے دین اسلام کی خدمت میں مصروف ہیں، یہ مولانا کا وہ صدقہ جاریہ ہے جو اس وقت تک جاری رہے گا جب تک مدراس اسلامیہ کا وجود قائم ہے، اللہ انھیں تا قیامت قائم ودائم رکھے۔

مولانا اچھے مدرس ہونے کے ساتھ ساتھ نظم وانصرام میں بھی یکتا تھے۔ انھوں نے مظاہر العلوم کے ناظم اعلیٰ ہونے کی حیثیت سے تمام نشیب وفراز کے باوجود اس کے نظم وانصرام کو چست و درست رکھا۔ انھیں طلبہ کے مسائل سے بڑی دل چسپی تھی اور ان کو حل کرنے کا ہنر جانتے تھے، مولانا کا ظاہر جس قدر پاکیزہ وروشن تھا، اس سے زیادہ ان کا باطن روشن و پاکیزہ تھا اور تقویٰ ان کے ارد گرد طواف کرتا نظر آتا تھا۔ ان کے شب وروز کے معمولات ایک سچے مومن کی زندگی کا آئینہ دار تھے۔ کہا جا سکتا ہے کہ کسی شخص کو اگر کسی کو ایک اچھے معلم، ایک مشفق استاذ، ایک محدث عصر اور ایک فقیہ الزماں کو کسی ایک شخصیت میں دیکھنا ہو تو حضرت مولانا کی شخصیت میں دیکھ سکتا ہے۔

مولانا کے چھوٹے بھائی حضرت مولانا مفتی محمد صالح صاحب دامت برکاتہم ،جواس وقت نائب ناظم تھے،امید ہے کہ اب بڑے بھائی کی جگہ لیں گے اور ناظم اعلیٰ بن جائیں گے ،ہمارے جامعۃ الفیصل تاج پور اس سیمنار میں تشریف لا چکے ہیں جو استاذ محترم حضرت مولانا سید محمد رابع حسنی ندوی رحمۃ اللہ علیہ کی حیات وخدمات کے موضوع پر رابطہ عالم اسلامی کی جانب سے منعقد کیا گیا تھا۔مفتی صاحب کی شرکت سے ہمیں تو جو مسرت حاصل ہوئی تھی وہ ناقابل بیان ہے ہی مگر حضرت نے بھی جامعہ کے تعلیمی وتربیتی نظام پر اطمینان کا اظہار فرمایا تھا۔

سادگی کے متعلق حدیث میں وارد ہوا ہے کہ وہ مومن کا شیوہ ہے۔حضرت مولانا سید محمد عاقل صاحبؒ اس کی جیتی جاگتی تصویر تھے،مولانا اخلاق عالیہ اور بلند کردار وشخصیت کے مالک تھے۔اسلام کو جو اوصاف مطلوب ہیں وہ حضرت مولانا میں بدرجہ اتم پائے جاتے تھے۔ان کی گفتگو،ان کا رہن ،سہن ،ان کا چلنا پھرنا،ان کی نشست وبرخاست اور آداب واخلاق سب اسلام کے آئینہ دار تھے۔

مولانا سے یادگار ملاقات ہمارے لیے ایک سرمایہ ہے ،ان کا انداز تکلم،حسن گفتگو آج بھی ہمیں اچھی طرح یاد ہے۔یہ میرے لیے بڑی سعادت کی بات ہے کہ اپنے عنفوان شباب سے اب تک مدرسہ مظاہر العلوم کے شیوخ اور کبار اساتذہ سے مجھے ملاقات واستفادہ کا شرف حاصل رہا۔شیخ الحدیث مولانا محمد زکریا صاحبؒ سے مسلسلاۃ الحدیث کا درس لیا اور اجازت و سند حاصل کی۔شیخ الحدیث مولانا محمد یونس صاحب پالن پوریؒ ،شیخ الحدیث مولانا محمد طلحہ صاحبؒ ،مفتی مظفر حسین صاحبؒ ،مولانا اسعد اللہ صاحبؒ ناظم مظاہر العلومؒ ،مولانا محمد شاہد حسینیؒ اور مولانا سید محمد عاقل صاحبؒ ناظم اعلیٰ کی مجالس خیر میں الحمد للہ میری شرکت رہی ہے۔

حضرت مولانا سید محمد عاقل صاحب 15 / اکتوبر 1937 کو پیدا ہوئے۔آپ کے والد ماجد کا نام الحاج مولانا حکیم محمد ایوبؒ ہے۔آپ کا گھرانہ نیکی وتقویٰ کا مخزن تھا۔آپ کی تعلیم و تربیت سہارن پور میں ہی ہوئی۔سب سے پہلے آپ نے قرآن مجید حفظ کیا اور اس کے بعد مدرسہ مظاہر العلوم کے نصاب سے استفادہ کرتے ہوئے 1380ھ میں سند فراغت حاصل کی۔فراغت کے معا بعد ہی مدرسہ کی خدمت پر مامور کردیے گئے اور تادم آخر مدرسہ کی خدمت کرتے رہے۔آپ کی شخصیت کی تعمیر میں شیخ الحدیث حضرت مولانا محمد زکریاؒ کا بڑااہم کردار ہے۔آپ ان کی خدمت میں حاضر رہتے ،ان سے روحانی وعلمی استفادہ کرتے ،ان کے مضامین نقل کرنے میں ان کی معاونت بھی فرماتے۔آپ نے حضرت شیخ کے نقش قدم کی بھرپور پیروی کی،ایک خانقاہ تعمیر کرائی اور اس میں دلوں کو مجلّیٰ ومصفّیٰ کرنے کا اہتمام کیا۔اس طرح آپ کو حضرت شیخ کا سچا جانشین کہا جاسکتا ہے۔

تدریس وتربیت کے ساتھ ساتھ آپ نے اہم تصنیفی امور انجام دیے ان میں الحل المفہم کا حاشیہ،الکوکب الدری کا مقدمہ،الفیض السمائی کا حاشیہ،نیز ملفوظات حضرت شیخ وغیرہ آپ کی قلمی وعلمی یادگار ہیں لیکن علمی دنیا میں آپ کی بے نظیر عالمانہ تالیف ''الدر المنضود'' جو ابوداؤد شریف کی شرح ہے آپ کو چاردانگ عالم میں شہرت عطا کی۔

موصوف کے پسماندگان میں ان کے ہزاروں شاگردوں کے علاوہ ان کے چھ بیٹے اور بیٹیاں بھی شامل ہیں۔ہم ملت اکیڈمی اور جامعۃ الفیصل کی جانب سے ان کے پسماندگان کی خدمت میں تعزیت پیش کرتے ہیں۔دعا ہے کہ اللہ تعالیٰ مرحوم کی مغفرت فرمائے ،جنت الفردوس میں اعلیٰ مقام عطا فرمائے ،ان کے پسماندگان کو صبر جمیل عطا فرمائے نیز حضرت مفتی صاحب کو ان کا نعم البدل بنائے۔(آمین)

ڈاکٹر محمد اعظم ندوی۔استاذ المعہد العالی الاسلامی حیدرآباد

قربانی: مادی فوائد اور سماجی اثرات

قربانی! محض ایک مذہبی رسم یا خونریزی کا نام نہیں، بلکہ یہ ایک ایسا جامع عمل ہے جو روح کو جلا دیتا ہے، سماج کو جوڑ دیتا ہے، معیشت کو تقویت دیتا ہے اور شریعت کے مقاصد کو پورا کرتا ہے، یوں تو دنیا کے بیشتر مذاہب میں نذر و نیاز کا تصور پایا جاتا ہے، لیکن اسلام میں قربانی کو جو مقام و منزلت حاصل ہے، اس سے صاف ظاہر ہے کہ قربانی خالص عبادت کا درجہ رکھتی ہے، آج کے جدید، سوشل میڈیا زدہ دنیا میں جہاں ہر چیز کو ROI یعنی Return on Investment کے ترازو میں تولا جاتا ہے، قربانی کے مفہوم کو بھی کچھ لوگ از سرِ نو جانچنے لگے ہیں، اور اسے عقل کے میزان میں تولنے لگے ہیں، جب کہ یہ عشق و محبت کا مظہر ہے، قربانی فقط ذبح کا نام نہیں، اللہ تعالیٰ نے فرمایا: ﴿لَن يَنَالَ اللَّهَ لُحُومُهَا وَلَا دِمَاؤُهَا وَلَكِن يَنَالُهُ التَّقْوَىٰ مِنكُمْ﴾ (الحج: 37) (اللہ کو نہ ان کا گوشت پہنچتا ہے، نہ خون، بلکہ اس تک تمہارا تقویٰ پہنچتا ہے)، یہ آیت وہ بنیادی تمہید فراہم کرتی ہے جو ہمیں سمجھاتی ہے کہ قربانی دراصل ایک علامت ہے — اندرونی خلوص، جذبِ دروں، اطاعتِ خداوندی اور اجتماعی شعور کے اظہار کی، گویا خون کی بو نہیں، خلوص کی خوشبو مطلوب ہے۔

لیکن اسلام کا حسن یہ ہے کہ وہ محض باطنی پہلو پر قناعت نہیں کرتا، وہ ہر عمل کو ایسے ڈھانچے میں ڈھالتا ہے جس سے فرد بھی نفع پائے، اور سماج بھی سنورے؛ لہٰذا قربانی کا یہ خالص روحانی عمل، اپنی ظاہری صورت میں بھی بے شمار فوائد کا حامل ہے، اسلامی فقہ کے ماہرین جب "مقاصد شریعت" پر گفتگو کرتے ہیں تو وہ پانچ بڑے مقاصد کا ذکر کرتے ہیں:

1. حفظ الدین (دین کا تحفظ)
2. حفظ النفس (جان کا تحفظ)
3. حفظ المال (مال کا تحفظ)
4. حفظ العقل (عقل کا تحفظ)
5. حفظ النسل (نسل کا تحفظ)

دلچسپ امر یہ ہے کہ قربانی بیک وقت کم از کم تین اہم مقاصد کو براہِ راست پورا کرتی ہے:

دین کا تحفظ: قربانی شعائرِ اسلام میں سے ہے، اس کا احیاء دین کے علانیہ اظہار کی صورت ہے، خصوصاً ہندوستان جیسے تنوع سے بھرپور ملک میں۔

مال کا تحفظ اور اس کا تزکیہ: مال سے جانور خریدا جاتا ہے، یعنی مال خرچ ہوتا ہے، مگر اس سے نفس کی تطہیر، غربا کی امداد، گوشت کی فراہمی اور معیشت کا ایک مکمل نظام بنتا ہے، گویا مال کا صرف خرچ نہیں، circulate ہونا، flow میں آنا — یہی اسلامی معاشیات کی روح ہے۔

نفس کی تطہیر: انسان جب جانور کے سامنے چھری چلاتا ہے تو دراصل اپنی انا، بخل، اور غفلت پر چھری چلاتا ہے،

گویا قربانی نفس کا مجاہدہ ہے، جو مادی بھی ہے اور معنوی بھی، اور انسان کی جان جانور کی قربانی کے عوض محفوظ کردی گئی، یہ اس کا شکرانہ ہے۔

بعض روشن خیال طبقے یہ اعتراض کرتے ہیں کہ قربانی میں صرف جانور ضائع ہوتا ہے، ماحول خراب ہوتا ہے اور صرف خون بہتا ہے، اس سے غربت نہیں مٹتی، جب کہ یہی لوگ افطار پارٹی میں ہزاروں اڑاتے ہیں، اور خالص دنیا داری میں تو کروڑوں، یہاں عبدیت کا امتحان ہے، جس سے عقلیت پرستی مانع ہوتی ہے، غور کریں تو قربانی خالص عبادت ہونے کے ساتھ ایک نفع بخش معاہدہ ہے— خدا کے ساتھ بھی، سماج کے ساتھ بھی، اور اپنی ذات کے ساتھ بھی۔

قربانی کی معاشی اہمیت کو سمجھنے کے لیے ضروری ہے کہ ہم اس کو عبادت کے ساتھ ہی ایک معاشی سرگرمی (economic activity) کے طور پر بھی دیکھیں، یہ محض ایک دن یا تین دن کا عمل نہیں بلکہ ہفتوں پہلے سے معاشی سرگرمیاں شروع ہو جاتی ہیں اور ہفتوں بعد تک جاری رہتی ہیں، جس کے کئی پہلو ہیں:

1. جانوروں کی خرید وفروخت:

دیہی کسان مہینوں پہلے جانور پالتے ہیں، دیسی منڈیاں سجتی ہیں، جن میں نقل وحمل، چارہ، خیمے، مزدور سب جڑ جاتے ہیں، لاکھوں کروڑوں روپے کا لین دین ہوتا ہے، جو دیہی معیشت میں نئی جان ڈالتا ہے۔

2. قصاب اور مزدور طبقہ:

عیدالاضحیٰ کے دنوں میں قصاب سب سے مصروف اور 'بزنس کلاس' کے مسافر بن جاتے ہیں، مزدور، صفائی والے، گوشت بنانے والے، سپلائی چین میں ہر کوئی شامل ہو جاتا ہے۔

3. چمڑے کی صنعت:

کھال جمع کرنے والے NGO یا تاجر، تنی ہوئی رسیوں کے ساتھ ہر گلی میں حاضر ہوتے ہیں، بھارت میں چمڑا ایک بڑی صنعت ہے، جو لاکھوں ہنرمندوں کو روزگار دیتی ہے— مسلمانوں، دلتوں، اور دیگر کمزور طبقات کو، جوتے، بیلٹ، بیگ، فائل کور، حتی کہ گاڑی کے سیٹ کور وغیرہ اسی چمڑے سے تیار ہوتے ہیں، افسوس کہ مسلمانوں کی اس نفع بخش تجارت پر شب خوں مار دیا گیا۔

4. خواتین کی گھریلو معیشت:

کلیجہ، پائے، مغز، گوشت محفوظ کرنا، اچار بنانا— یہ سب وہ سرگرمیاں ہیں جو گھریلو خواتین کی دستکاری اور پکوان کو بڑھاتی ہیں، گھر گھر گوشت تقسیم ہوتا ہے، مہمان آتے ہیں، خواتین کی باورچی خانہ کی معیشت سرگرم ہو جاتی ہے، اور لاتعداد لوگوں کو قربانی کے دنوں میں اور بعد تک مفت کھانا نصیب ہوتا ہے۔

5. گوشت کی معیشت:

گوشت بیچنے والے، فرج اور ڈیپ فریزر بنانے والی کمپنیاں، برف والے، مصالحہ فروش، یہاں تک کہ باربی کیو چارکول والے بھی مستفید ہوتے ہیں۔

6. شہری و دیہی روابط:

شہر والے دیہات سے جانور منگواتے ہیں، یا وہاں جا کر خریداری کرتے ہیں، دیہی علاقوں میں نقدی آتی ہے، جس سے مقامی بازاروں میں جان آتی ہے، افسوس کہ گاؤ رکھشکوں نے بیڑا غرق کر رکھا ہے، ایک جانور کی محبت میں مسلمانوں پر ہجومی حملے کرتے ہیں اور ملک کی معیشت کی بھی

کمر توڑتے ہیں:

بایں عقل و دانش بباید گریست

7. زکوٰۃ وصدقات کی تکمیلی صورت:

قربانی کے گوشت سے وہ لوگ بھی مستفید ہوتے ہیں جنہیں عام حالات میں گوشت نصیب نہیں ہوتا، اور زکوٰۃ وصدقات کے مقاصد یعنی غریبوں کی حاجت براری کا مقصد بھی پورا ہوتا ہے۔

8. ماحول اور صفائی:

اگر بلدیاتی ادارے اپنی ذمہ داری نبھائیں تو یہ موقع صفائی، ماحولیات اور مشترکہ خدمت کا بہترین ماڈل بن سکتا ہے۔

قربانی کا تصور یہاں ہندو بھائیوں کو بھی جانوروں کی افادیت کے نئے رخ سے روشناس کراتا ہے، سیاسی رکاوٹوں، میڈیا کے پروپیگنڈے، اور سماجی دباو؟ کے باوجود مسلمان قربانی کرتے ہیں— یہ مذہبی آزادی کا ایک عملی اظہار ہوتا ہے، مسلمانوں کی معاشی شرکت اور احترامِ قانون کے ساتھ قربانی ہندوستانی جمہوریت کا ایک خوبصورت نمونہ بن سکتی ہے، اگر قربانی کے جانور پہلے سے پالے جائیں، قدرتی چارے پر رکھے جائیں، اور صفائی کے اصول اپنائے جائیں تو یہ ایک ماحول دوست environment friendly عمل بن سکتا ہے، گوشت کا بقیہ حصہ compost میں تبدیل ہوسکتا ہے، ہڈیاں کھاد یا جانوروں کی خوراک میں استعمال ہوسکتی ہیں۔

اس طرح ہم دیکھتے ہیں کہ قربانی صرف ایک ذبح کا عمل نہیں، یہ ایک جامع، ہمہ گیر، بہبود پر مبنی نظامِ خیر ہے، یہ مال کی طہارت ہے، نفس کی تربیت ہے، سماج کی تنظیم ہے، اور معیشت کی توانائی کا ذریعہ ہے، یہ شعور کی بیداری ہے، خلوص کا اظہار ہے، اور مقاصدِ شریعت کا عملی مظہر ہے۔

ویسے بھی انسانی فطرت اور جبلّت کے اہم تقاضوں میں غذا بنیادی حیثیت رکھتی ہے، اور گوشت خوری اس غذا کا ایک فطری، تاریخی اور ثقافتی عنصر ہے، مختلف مذاہب نے اسے کبھی عبادت کا ذریعہ بنایا، کبھی روحانی مجاہدہ کا موقع، اور کبھی اخلاقی آزمائش کا میدان، اسلام میں گوشت خوری کو نہ صرف مباح قرار دیا گیا ہے بلکہ قربانی، ذبیحہ اور حلال کے اصولوں کے ذریعے اسے تزکیہ نفس، اطاعتِ رب، اور سماجی خیرات سے جوڑ دیا گیا ہے، یوں گوشت خوری محض ایک حیوانی عمل نہیں، بلکہ ایک اخلاقی و روحانی تجربہ بن جاتا ہے، جو غربت کے خلاف ایک علامتی مزاحمت بھی ہے، اور نفس پر غلبے کا مظہر بھی، ہم دیگر مذاہب کی بات کریں تو یہودیت میں گوشت خوری کا تصور اگرچہ موجود ہے، مگر اسے سخت شرعی قوانین (کوشر) کے تحت منضبط کیا گیا ہے، یہودی صرف ان جانوروں کا گوشت کھاتے ہیں جو مخصوص صفات کے حامل ہوں، اور جنہیں ایک ماہر ذبیحہ کار شرعی طریقے سے ذبح کرے، خون کا مکمل اخراج ضروری ہے، اور گوشت و دودھ کو کبھی ایک ساتھ نہیں کھایا جا سکتا، کوشر گوشت صرف غذائی عنصر نہیں، بلکہ یہودی تہذیب، عبادت اور طرزِ حیات کا ایک اہم جزو ہے، خاص ایام اور تہواروں میں اس کی اہمیت مزید بڑھ جاتی ہے، جیسے عید الفصح کے مواقع پر، جہاں گوشت خوری مخصوص شرائط کے تحت انجام دی جاتی ہے، یہ عمل بھی یہود کے مذہبی قوانین خورونوش "کشروت" کے تابع ہے، وہ کھانے جو ہلاخاہ (تحریری اور زبانی توریت پر مشتمل یہودی قوانین کے مجموعہ) کے مطابق حلال ہیں انھیں کوشر کہا جاتا ہے۔

دوسری طرف، مسیحیت میں گوشت خوری کی عمومی

اجازت پائی جاتی ہے، البتہ کیتھولک عیسائی "لینٹ" جیسے روحانی ایام میں اس سے پرہیز کرتے ہیں، گویا روحانی ریاضت کا ایک ذریعہ سمجھتے ہیں، ہندومت میں معاملہ تہذیبی وزمانی تبدیلیوں کے ساتھ بدلتا رہا—ویدک دور میں یگیہ کی قربانیوں میں گوشت کا استعمال عام تھا، ہندومت میں پانچ عظیم قربانیاں، جنہیں پنچ مہا یگیہ کہا جاتا ہے، زندگی کے مختلف شعبوں میں فرض کی ادائیگی اور روحانی پاکیزگی کا مظہر ہیں، بھووت یگیہ تمام جانداروں —جانوروں اور پرندوں— کے ساتھ شفقت کا اظہار ہے، جب کہ پتری یگیہ آباواجداد کی روحوں کے لیے خراج عقیدت ہے، دیو یگیہ دیوتاؤں کے حضور عقیدت کے اظہار کا ذریعہ ہے، جس میں ویدک منتر اور آہوتی شامل ہوتی ہے، برہم یگیہ علم کی بقا، ویدوں کی تعلیم وتدریس اور روحانی پاکیزگی کا مظہر ہے، اور اتھی یگیہ مہمان نوازی، دردمندی اور انسان دوستی کی اعلیٰ مثال ہے، یہ تمام یگیہ ہندو عقیدے میں کائناتی توازن، اخلاقی ذمہ داری اور روحانی ارتقاء کی بنیاد سمجھے جاتے ہیں۔

مگر بدھ مت وجین مت کے اثر سے "اہنسا" کا تصور عام ہوا اور اس نے سب کچھ بدل دیا، یہاں تک کہ گائے کے ذبیحہ کو قومی و مذہبی تقدیس کا عنوان بنا دیا گیا، آج ہندوستانی تناظر میں یہ اختلاف مذہبی آزادی، ثقافتی کشمکش اور سماجی ہم آہنگی کا حساس سوال بن چکا ہے، جہاں گوشت خوری صرف غذا نہیں، ایک نظریاتی بیانیہ اور تشخص کی علامت بن چکی ہے؛ اس لیے مذاہب عالم میں گوشت خوری کو صرف جسمانی تغذیہ نہیں بلکہ ایک تہذیبی، روحانی اور تمدنی علامت کے طور پر سمجھنا زیادہ مناسب ہوگا، اور اسی اعتبار سے قربانی کی اسلامی روح سے برادران وطن کو واقف کرانے کے ساتھ ہی قربانی کے عمل میں احتیاط کے تمام تر تقاضوں کی رعایت کرنا حکمت ودانش مندی کی بات ہوگی۔

☆☆☆

سید نوید جعفری-حیدرآباد

حیدرآباد دکن عرصۂ قدیم سے ہی علم وادب کا گہوارہ رہا ہے

حیدرآباد دکن عرصۂ قدیم سے ہی علم وادب کا گہوارہ رہا ہے بہمنی دور اردو شاعری کا نقطہ آغاز ہے قطب شاہی دور و عادل شاہی دور میں اردو شاعری کو خوب پزیرائی ملی اور پھر سلاطینِ آصفیہ کی سرپرستی اور قدردانی نے اس کو بامِ عروج پر پہنچایا پھر سلطنتِ مغلیہ کے زوال کے بعد لکھنو اور دہلی کا اردو مرکز حیدرآباد دکن منتقل ہوگیا اس طرح شہرِ حیدرآباد دکن کے اردو مشاعروں کو اردو ادب میں خاص مقام حاصل ہوگیا خاص کر حیدرآباد دکن کے اردو مشاعرے کو دوسری زبانوں میں ہونے والے مشاعروں سے زیادہ اردو زبان کے مشاعروں کو اہمیت حاصل ہے لیکن آئے دن مشاعروں کا رنگ بدلنے لگا روایت بدلنے لگی ہے اور اب مشاعرے ادب کی علامت سے ہٹ کر بے ادبوں کی زینت بنتے جارہے ہیں سب سے اہم پہلو یہ ہے کہ کسی بھی اردو مشاعرے کی صدارت ایسے شخص کو دی جانی چاہئے جو اردو شاعری میں مہارت رکھتا ہو اور ہر شعر کی باریکی کو سمجھتا ہو کیونکہ وہ مشاعرے میں بطور جج رہتا ہے لیکن اب حالات بدل چکے ہیں جس نے زیادہ چندہ دیا ہو یا جسکا رتبہ زیادہ ہو وہی اب صدر مشاعرہ بن جاتا ہے یا بنادیا جاتا ہے اسکے علاوہ آئے دن سرکاری یا غیر سرکاری تنظیموں کی سطح پر ہونے والے مشاعرے پیسے کمانے اور شہرت حاصل کرنے کا ایک ذریعہ بن چکے ہیں جس طرح سے پہلے نکڑوں پر سرکس ہوا کرتے تھے اب وہی سرکس مشاعروں میں دیکھنے کو مل رہی ہے کسی اور کے لکھے ہوئے یا چوری کئے ہوئے اشعار کو پڑھنا کچھ لوگوں کا شیوہ بن چکا ہے اور کچھ لوگ تو انتقال کر چکے شعراء کے گھروں کو جا کر انکے غیر بیان کردہ یا غیر طبع شدہ کلام کو لے کر صرف ان اشعار میں سے حقیقی شاعر کا نام ہٹا کر اپنا تخلص شامل کرتے ہوئے واہ واہی لوٹ رہے ہیں اور کچھ ایسے زبردستی کے شعراء بھی ہیں جو مشاعروں میں پڑھنے کے لئے منتظمین کو پیسے دے کر انھیں بار بار فون کر کے کر کے یاد دلاتے ہیں کہ ہم کو مدعو کیا جائے ہم اپنے ہی خرچہ پر آجائیں گے ہم کو ہدیہ بھی نہیں چاہئے ایسے شعراء ہی اسٹیج حاصل کر رہے ہیں کچھ سال پہلے تک شعراء کو بلایا جاتا تھا اور انہیں ہدیہ کے علاوہ زادراہ یعنی سفری الاونس دیا جاتا تھا لیکن اب یہ صورت بدل چکی ہے جسے شاعری کرنے کی کھجلی ہو وہ مشاعرے میں پڑنے کے لئے منتظمین کو خود پیسے دے دلا کر کہ آپ مجھے مہمان شاعر بنایئے بدلے میں ہم آپ کو مہمان شاعر کے طور پر مدعو کریں گے اسطرح یہ اسٹیج پر چڑھ رہے ہیں بات یہیں نہیں رکتی ہے جب اسٹیج پر کوئی شاعر پہنچ بھی جاتا ہے تو داد لینے کے لئے ناظم مشاعرہ کی چاپلوسی درکار ہوتی ہے یا ہاتھ گرم کرنے پڑتے ہیں اور حیدرآباد میں کچھ ایسے بھی ناظم مشاعرہ ہیں جو واقعی میں بے ادب ہیں اور خوامخواہ واہ واہ کے جملے کستے ہوئے شعراء کو پڑھنے ہی نہیں دیتے آج کے مشاعروں کی یہ ایک تلخ حقیقت ہے کہ یہاں کچھ کنٹراکٹ شاعر ہوتے ہیں جو دوسرے شعراء کے ساتھ کنٹراکٹ کرلیتے ہیں کہ تو مجھے بلا میں تجھے بلاونگا تو میری قیمت بڑھا میں تیری قیمت بڑھاونگا اس طرح سے اچھی شاعری کرنے والے اور ایماندار شعراء کو مشاعروں سے دور

کر دیا جاتا ہے ایک طرف شعراء کا یہ حال ہے تو دوسری طرف منتظمین بھی مشاعروں کو ایک سیزن مانتے ہیں جس میں وہ کچھ پیسے بچانے کے چکر میں رہتے ہیں، مقامی چندہ اکاڈمی کا چندہ سیاستدانوں سے چندہ مالداروں سے چندہ لے کر مشاعرے کا دھندہ بنا چکے ہیں اور اسکے عوض میں کم از کم اچھے اور قابل شعراء کو بلانا بھی گوارہ نہیں کر رہے ہیں اب مشاعرے مزاحیہ نہیں بلکہ مشاعرہ خود ایک مذاق بن چکے ہیں ایک اور شکایت یہ بھی سننے میں آئی ہے کہ خواتین شعراء کو ان کے کلام اور شاعری کے معیار کو دیکھ کر نہیں بلکہ فیشن اور خوبصورتی کو دیکھ کر بلایا جاتا ہے جیسا کہ ٹی وی کے اشتہارات میں ماڈل کا استعمال کیا جاتا ہے یہاں سب سے اہم بات یہ ہے کہ آج کل شعراء میں ایک دوسرے کو نیچا دکھانے کی ایک روایت بن گئی ہے جیسے کہ ایک دوسرے پر متشاعر ہونے کے الزام لگانا استاد کا کلام یا والد کا کلام کہکر دوسرے شعراء کا مذاق بنانا وغیرہ جو شعراء ادب ثقافت روایت اور تہذیب کو ترجیح دیتے ہیں ان مشاعروں سے انہیں پوری طرح سے دور کیا جا رہا ہے اور دیکھا گیا ہے کہ کچھ تنظیمیں مشاعرہ کے نام پر شعراء کو بلا کر انہیں اسٹیج سے اور سامعین میں سے اپنے طئے شدہ پروگرام کے تحت شعراء کا مذاق بناتے ہیں ان پر جملے کسے جاتے ہیں انہیں پڑھنے نہیں دیا جاتا اور کہیں مشاعروں کے نام پر بلا کر طویل تقاریر یں اور افسانے سنائے جاتے ہیں یہی نہیں مشاعروں کی نیوز لکھنے والے ماہرین اپنی نیوز کو اپنی پسند ناپسند ظاہر کرنے اور اپنی اہمیت ظاہر کرنے کا ایک ذریعہ بنا لیتے ہیں یعنی کس شاعر کو نیوز میں کہاں جگہ ملنی ہے؟ کس کو نیوز سے غایب کر دینا ہے یہ سب ان کے فن کی مہارت کا حصہ ہوتا ہے۔ جس کو وہ مشاعروں کی نیوز بنانے میں بخوبی استعمال کرتے ہیں جو ہندی میں لکھ کر اردو میں اچھل اچھل کر شعر کہتے ہیں اور شعر کہتے کہتے ناچ ناچ کر شاعری کرتے ہیں انہیں ترجیح دی جا رہی ہے پہلے سیاست میں چاپلوسی تھی اب ادب میں بھی چاپلوسی اپنی جگہ بنا چکی ہے ان تمام حالات کا پس منظر دیکھا جائے تو اب سینئر شاعروں کو اس سلسلے میں کھل کر آواز بلند کرنی ہوگی ورنہ شاعری بھی مکاری بن کر رہ جائیگی" جو کبھی تھا ابھی کل کی بات ہے کہ مشاعرے کا اسٹیج کسی بھرے پرے دیہات کی چوپال جیسا تھا اسٹیج پر رونق افروز محترم شعراء کسی دیومالائی کردار معلوم ہوتے تھے ان زندہ کرداروں کی موجودگی میں تہذیب اس طرح پھلتی پھولتی تھی جیسے برسات کے دنوں میں عشقِ پیچاں اونچی اونچی دیواروں کا سفر طے کرتا ہے تھا مگر آج مشاعروں میں جو مغرب کے بعد شروع ہونا تھا مگر پہلے سے طے شدہ پروگرام کے مطابق چار گھنٹے تک ادبی اجلاس و تقاریر ہوتی ہیں اور مشاعرہ رات دس بجے شروع ہوتا ہے تب تک کچھ شعراء بھاگ کھڑے ہوتے ہیں اور صرف کچھ ہی رہ جاتے ہیں اور صدر مشاعرہ کو صبح آفس جانا ہوتا ہے تو حکم ہوتا ہے کہ صرف پانچ شعر سنائیں جائیں یوں یہ مشاعرہ صرف آدھے گھنٹے میں یعنی ساڑے دس بجے یہ مشاعرہ ختم، بقول ڈاکٹر شعور آعظمی مرحوم کے *"مختصر پڑھنے کی کیوں شاعر سے فرمائش رہے*

*اتنے ہی شاعر بلائیں جتنی گنجائش رہے" *

مشاعرہ کتنا بھی اچھا ہونے کے باوجود شعراء کرام کی تشفی نہیں ہو پاتی بقول کسی شاعر کے

* ہے شام ابھی کیا ہے بہکی ہوئی باتیں ہیں*

* کچھ رات ڈھلے ساقی مئے خانہ سنبھلتا ہے*

اور ہمارا کہنا یہ بھی ہے کہ ادبی اجلاس کے مقررین کو بھی رک کر مشاعرہ سننا چاہیے جبکہ وہ اپنی تقاریر ختم کر کے نکل کر چلے جاتے ہیں اور شعراء کرام آپس میں خود ہی نپٹ لیتے ہیں شاعری اور موسیقی ایسی چیزیں ہیں جن کا صحیح لطف رات میں آتا ہے ہم نے بعض یادگار مشاعرے سنے ہیں جو بالعموم ہفتے کی رات کو منعقد ہوتے تھے مشاعرے کا وقت دعوت ناموں اور

اشتہارات میں نو بجے لکھا جاتا تھا لیکن اصل مشاعرہ (مہمانان خصوصی کی تقاریر کے بعد) تقریباً دس بجے کے بعد ہی شروع ہوتا تھا گیارہ بجے کے بعد مشاعرہ کا رنگ جمتا تھا منتظمین خود نہیں جانتے تھے کہ مشاعرہ ختم کب ہوگا کبھی دو بجے شب کبھی ڈھائی تین بجے کبھی کبھی تو اتنی دیر ہوجاتی کہ یار لوگ راستے میں بعض شب بیدار ہوٹلوں میں نہاری کلچے کھاتے ہوئے جاتے اور گھر پہنچتے ہی لمبی تان کر سو جاتے اور دیر سے اٹھ کر اتوار کی چھٹی کا مزہ لیتے آج کل نہ ویسے نامی گرامی مہمان شعراء ہیں نہ لوگوں کو اتنی فرصت ہے رات بھر جاگنا قیامت ہے ویسے تو ہم ابھی تک سینئر سٹیزن کی لسٹ میں شامل نہیں ہوئے مگر چونکہ علامہ قدر عریضی علیہ رحمتہ سے قریبی رشتہ داری اور قرابت داری تھی اور میری والدہ محترمہ خود شاعرہ تھیں اور سعیدہ نکہت تخلص کرتی تھیں اور ادارہ قدر ادب کے دو بیتی مشاعروں میں پسِ پردہ اپنا طرحی کلام سناتی تھیں چنانچہ ہمارے گھر میں شعر و شاعری سے سبھی کو لگاؤ رہا ہے اس لئے ہم بہت چھوٹی سی عمر سے ہی مشاعرہ سنتے اور دیکھتے آئے ہیں مشاعرے کی اولین یادوں میں حیدرآباد کے ایک مشاعرے کی ہے جو شاید 1975ء میں ہوا ہوگا اس مشاعرے میں اور کئی معروف شعراء کے علاوہ اپنے وقت کے سُپر اسٹار اداکار محترم جناب دلیپ کمار صاحب بھی شریک تھے جس میں سعید الشعراء علامہ سعید شہیدی صاحب نے اپنی معروف زمانہ غزل ''*اب کیا غزل سناؤں تجھے دیکھنے کے بعد** کیسے سکون پاؤں تجھے دیکھنے کے بعد*'' سنائی تھی تو معروف اداکار دلیپ کمار صاحب جھومنے لگے اور اُٹھ کر سعید شہیدی صاحب کو گلے لگا لیا اس طرح اس مشاعرہ کو سعید شہیدی صاحب نے لوٹ لیا اور انکو سامعین اور دلیپ کمار صاحب کے اصرار پر بار بار سنا گیا ایک اور شنکر شاد مشاعرہ ہوتا تھا اس کی نوعیت بھی ایک عرصے تک ہند و پاک مشاعرہ کی رہی شاید 1978ء میں اس مشاعرے کی صدارت اس وقت کے وزیر خارجہ اٹل بہاری واجپائی کر رہے تھے اس مشاعرے میں پاکستان کے ایک شاعر مدعو تھے جن کی والدہ لکھنؤ میں رہتی تھیں اس شاعر کو صرف دہلی تک کا ہی ویزا ملا تھا مشاعرہ میں اسٹیج پر پاکستانی شاعر واجپائی جی کے قریب بیٹھے تھے انھوں نے موقع پا کر واجپائی جی سے کہا کہ میں ہندوستان آکر بھی والدہ سے نہیں مل سکوں گا کیونکہ مجھے صرف دہلی کا ویزا ملا ہے واجپائی جی یہ بات سن کر خاموش ہوگئے جب واجپائی صدارتی تقریر کے لئے کھڑے ہوئے تو پہلے انھوں نے اردو زبان اور مشاعروں کی روایت کے بارے میں کچھ باتیں کہیں پھر یکایک مجمع سے مخاطب ہوئے اور پوچھا ''دوستو! میں آپ سے ایک سوال کرنا چاہتا ہوں مجھے بتایئے کہ کیا دنیا میں کوئی ایسی حکومت ہے جو ماں کی ممتا اور بیٹے کی محبت کے درمیان دیوار بن کر کھڑی ہوسکے ہمارے ایک پاکستانی دوست ہیں جن کی ماتا جی لکھنؤ میں رہتی ہیں اور یہ پاکستانی دوست ان سے ملنا چاہتے ہیں لیکن اُن کا ویزا صرف دہلی تک ہے میں ان کو یقین دلاتا ہوں کہ وہ لکھنؤ جائیں گے اور اپنی ماں سے ملیں گے اور'' آناً فاناً میں ان کا لکھنؤ جانے کا بندوبست ہوگیا مشاعرہ ہماری تہذیب کی علامت ہے لیکن اس طرح یہ مشاعرہ ایک انسان دوستی کا مظہر بھی بن گیا یہ مشاعرہ کا فیض تھا کہ ایک شاعر کی وزیرِ خارجہ سے اسٹیج پر بیٹھے بیٹھے بات بھی ہوگئی اور اس کا کام بھی بن گیا ورنہ نہ جانے کتنے پاپڑ بیلنے پڑتے خود ہمارے شہرِ حیدرآباد میں ادبی ٹرسٹ اور شنکر جی مشاعرے عالمگیر شہرت کے حامل رہے ہیں ان سے ہونے والی آمدنی سے کئی فلاحی کام ہوئے ادیبوں شاعروں کی معاشی اور علاج معالجہ کے لئے امداد ہوئی مرحوم اور زندہ نادر شعراء کے کلام کو مفت شائع کیا گیا عابد علی خاں صاحب اور محبوب حسین جگر اور ادارہ سیاست نے بھرپور تعاون کیا ملک اور بیرون ملک کے شاعر جمع ہوئے مینا کماری اور کیفی آعظمی

اداکارہ شبانہ آعظمی بھی ان مشاعروں میں شریک ہوچکی ہیں مسلم ایجوکیشنل کانفرنس کا ایک مشاعرہ 1976ء میں ہوا تھا جس میں دلیپ کماراور سائرہ بانو بھی آئے تھے اس کی نظامت شاذ تمکنت نے کی تھی اس مشاعرے میں دلیپ کمار نے اختر الایمان کی ایک نظم اپنے مخصوص انداز میں پڑھی تھی جو کہ بے حد پسند کی گئی تھی، مشاعرے کی نظامت بھی ایک آرٹ سے کم نہیں جس طرح شعراء کو آمد ورفت کا خرچ دے کر بلایا جاتا ہے اسی طرح ناظم مشاعرہ کو انکے وقت کی قیمت کے علاوہ آمد ورفت اور قیام وطعام کے انتظام کے ساتھ بلایا جاتا تھا زبیر رضوی ملک زادہ منظور احمد اور ثقلین حیدر بحیثیت ناظم بے حد مقبول و مشہور ہوئے دلچسپ باتیں اور نوک جھونک سے بھی مشاعروں میں رنگینی پیدا ہوتی تھی ہلکی پھلکی ہوٹنگ بھی مشاعروں میں مزہ دے جاتی تھی ایک بار جوش صاحب کلام سنا رہے تھے کنور مہندر سنگھ بیدی سحر نے کہا ''کمبخت پٹھان ہوکر بھی کیا اچھے شعر کہتا ہے'' جوش صاحب نے برجستہ کہا ''اور یہ کم بخت سردار ہوکر بھی کیا اچھی داد دے رہا ہے'' اسی طرح ایک صاحب غزل سنا رہے تھے جس کی زمین تھی کہ رات کیا کیا بات کیا کیا انھوں نے مصرعہ پڑھا 'یہ دل ہے یہ جگر ہے یہ کلیجہ' مجمع سے آواز آئی 'قصائی دے گیا سوغات کیا کیا' اسی طرح کے ایک مشاعرے کے ہم بھی گواہ ہیں کہ ایک نہایت ہی بزرگ شاعر (احقر انکا لینا مناسب نہیں سمجھتا) مشاعرے میں اپنی غزل سنا رہے تھے جس کی زمین تھی چل میاں، نکل میاں، جوں ہی وہ مقطعہ پر پہنچے معروف استادِ سخن حضرت الطاف صمدانی علیہ رحمتہ نے اپنے انتہائی پُر لطف اور بے ساختہ انداز میں کہا * چل میاں * جس سے پوری محفل قہقہوں سے گونجنے لگی، اسس طرح ایک اور ضعیف العمر شاعر اپنا کلام سنا رہے تھے مطلع تھا

* نکلنے کو تو دل کی آرزو اے نازنیں نکلی *
* مگر جیسی نکلنی چاہئے ویسی نہیں نکلی *

کسی منچلے نے آواز لگائی ''حضور! اس میں نازنین کا کوئی قصور نہیں'' ایک زمانے میں آکاش وانی لکھنؤ اور آل انڈیا ریڈیو حیدرآباد کے رات کے پروگرام 'نیرنگ' اور دہلی سے بڑے اچھے اردو مشاعرے نشر ہوتے تھے جس کو میرے والدِ مغفور بڑے شوق سے اور پابندی سنتے تھے اور لامحالہ ہم کو بھی سننا ہی پڑتا تھا اور علامہ قدرؔ عریضی کے مکان اور ادارہ قدر ادب کے دفتر حسینی علم کے مشاعرے ہم پابندی شریک رہتے یوں ہم کو بچپن ہی سے مشاعرے سننے کی لت سی لگ گئی تھی ایک اور مشاعرہ بمبئی میں ہوا تھا جو طرحی تھا مخدوم محی الدین نے اپنی پہلی طرحی غزل وہیں پڑھی تھی اس کے بعد انھوں نے کم وبیش بیس اکیس (۲۱) طرحی غزلیں کہیں جو بہت مقبول ہوئیں آج ہم دیکھ رہے ہیں کہ اردو مشاعروں کی حویلی دیکھتے دیکھتے ہی کیسی ویران ہوتی جا رہی ہے حویلی کی منڈیروں پر رکھے ہوئے قدیم چراغ ایک ایک کر کے بجھتے جا رہے ہیں ایوان ادب کی طرف لے جاتی ہوئی سب سے خوبصورت، پروقار اور پرکشش پگڈنڈی کتنی سنسان ہو چکی ہے خدا کرے کسی بھی زبان پر ایسا بُرا وقت نہ آئے کوئی کنبہ ایسے نہ بکھرے، کسی خاندان کا اتنی تیزی سے صفایا نہ ہو کسی قبیلے کی یہ دُردشا نہ ہو ابھی کل ہی کی بات ہے کہ مشاعرے کا اسٹیج کسی بھرے پرے دیہات کی چوپال جیسا تھا اسٹیج پر رونق افروز محترم شعرا کسی دیومالائی کردار معلوم ہوتے تھے ان زندہ کرداروں کی موجودگی میں تہذیب اس طرح پھلتی پھولتی تھی جیسے برسات کے دنوں میں عشق پیچاں اونچی اونچی دیواروں کا سفر طے کرتا ہے آپ ہم سے اتفاق کریں یا نہ کریں آج کل ہمیں مشاعروں میں وہ کیفیت محسوس نہیں ہوتی جو پہلے ہوا کرتی تھی پھر بھی ہمیں اُمید ہے کہ ہمارے جدید شاعر نہ صرف اچھے شعر کہیں گے بلکہ مشاعرے کی روایت کو بھی قائم رکھیں گے۔

☆☆☆

مفتی امداد الحق بختیار قاسمی۔ استاذ حدیث وشعبہ افتاء دارالعلوم حیدرآباد

اسلام، امن وسلامتی کا سب سے بڑا داعی ظلم اور دہشت گردی کا سب سے زیادہ مخالف

پہلگام میں ہونے والی دہشت گردانہ کاروائی، سفاکیت، حیوانیت اور بدترین قسم کی درندگی ہے، یہ انسانیت کے پیشانی پر یک بدنما داغ ہے، معصوم لوگوں کے قتل کرنے والے انسانی شکل میں درندے ہیں، ان کی درندگی کا جواب دینا تمام انسانیت کے انصاف کے لیے بہت ضروری ہے۔

اسلام اس طرح کی بربریت کی سخت مخالفت کرتا ہے، اور ایسے ظالموں کے لیےفوری طور پر سخت سے سخت سزا تجویز کرتا ہے، اسلام میں انسانیت کا احترام اور انسان کی حفاظت تمام چیزوں سے مقدم ہے، یہ اسلام کی بنیادی تعلیمات میں سے ہے؛ بلکہ دنیا کوئی مذہب اس طرح کی ظالمانہ اور دہشت گردانہ کاروائی کو برداشت نہیں کرتا، جن درندوں نے معصوم کی جان دھجیاں اڑائیں، کتنے سہاگ اجاڑ دیے، کتنے بچوں کے سروں سے ان کے والدین کا سایہ چھین لیا، کتنے گھروں میں صف ماتم بچھادی، کتنی زندگیوں کو اندھیرے میں جھونک دیا، ان تمام درندوں کو فوری طور پر سزائے موت دینی چاہیے اور ایسے ناپاکوں سے زمین کو پاک کیا جانا چاہیے۔

ہندوستان کا ہر شہری چاہے، وہ کسی بھی مذہب سے تعلق رکھتا ہو، آج اس بزدلانہ کاروائی پر غم زدہ ہے، اور اس حادثہ کے مہلوکین کے افراد خانہ کے غموں میں پورے طور پر شریک ہے اور دہشت گردوں کے خلاف ایکشن میں حکومت کے شانہ بشانہ کھڑا ہے۔

ہم پر زور مطالبہ کرتے ہیں کہ اس واقعہ کے حقیقی مجرموں کو جلد از جلد گرفتار کرکے، انہیں ہینگ کر دیا جائے؛ ان کے خلاف ایکشن میں فوج کو اگر ہمارے تعاون کی ضرورت ہے تو آواز دے، ہم خود اپنے ہاتھوں سے قاتلوں کو کیفر کردار تک پہنچانے کا کام انجام دیں گے۔

انسانوں اور دنیا کی تمام مخلوقات کے بارے میں اسلامی تصور

اسلام وہ واحد مذہب ہے، جس نے یہ تصور دیا کہ دنیا کے تمام انسان ایک ماں باپ کی اولاد ہیں؛ لہذا وہ سب آپس میں بھائی بہن ہیں، اسلام کے اس تصور سے امن و امان، آپسی تعاون، خیر خواہی کے جذبات کو تقویت ملتی ہے، اسی طرح رسول اللہ ﷺ کی حدیث مبارک نے اس بات کی وضاحت فرمائی ہے کہ دنیا کے اندر جتنی بھی مخلوقات؛ چاہے وہ انسان ہوں یا ان کے علاوہ، اور انسانوں میں چاہے وہ کسی بھی دین اور مذہب سے تعلق رکھتے ہوں، یہ سب اللہ کی فیملی ہیں، اللہ کی نگرانی اور ذمہ داری میں ہیں؛ لہذا ان کے ساتھ اچھا برتاؤ کرنے والا اور ان کے ساتھ خیر خواہی کرنے والا انسان اللہ تعالی کو زیادہ محبوب ہے:

الخلق عيال الله فأحب الخلق إلى الله من أحسن إلى عياله. (شعب الإيمان، فصل في نصيحة الولاة ووعظهم، 7448)

ترجمہ: مخلوق اللہ کا کنبہ ہے، اللہ کے نزدیک سب مخلوق میں پسندیدہ وہ شخص ہے، جو اللہ کے کنبے کے ساتھ سب سے اچھا سلوک کرتا ہے۔

نیز اسلام نے ایک دوسرے کے ساتھ رحم و کرم اور اچھے سلوک کی تاکید کرتے ہوئے، یہ بشارت سنائی ہے کہ جو دنیا میں لوگوں پر رحم کرے گا، تو اللہ تعالی کی رحمت اس پر نازل ہوگی، رسول اللہ ﷺ کا ارشاد ہے:

عَنْ عَبْدِ اللَّهِ بْنِ عَمْرٍو قَالَ: قَالَ رَسُولُ اللَّهِ صلى الله عليه وسلم: الرَّاحِمُونَ يَرْحَمُهُمُ الرَّحْمَنُ، ارْحَمُوا مَنْ فِي الْأَرْضِ يَرْحَمْكُمْ مَنْ فِي السَّمَاءِ .(سنن ترمذی، باب ما جاء في رحمة المسلمين، 1924)

ترجمہ: رحم کرنے والوں پر اللہ رحم کرتا ہے، تم زمین والوں پر رحم کرو، آسمان والا تم پر رحم کرے گا۔

اسلام ہر طرح کے تشدد، ظلم و زیادتی اور فتنہ و فساد کی مخالفت کرتا ہے، اسلام میں دین کے نام پر کسی بھی طرح کی بربریت کی کوئی گنجائش نہیں ہے؛ بلکہ اسلام تو امن و امان اور سلامتی کا سب سے بڑا داعی اور پیامبر ہے۔

اسلام میں ناحق قتل اور اس کی سزاء

اسلام میں انسانیت کے احترام کی تعلیمات بہت اہتمام سے ملتی ہیں، کسی بھی طرح کے ظلم اور زیادتی کو حرام قرار دیا گیا ہے، انسانی جان کی حفاظت کے تاکیدی احکامات دیے گئے، اللہ تعالی کا ارشاد ہے:

قُلْ تَعَالَوْاْ أَتْلُ مَا حَرَّمَ رَبُّكُمْ عَلَيْكُمْ أَلَّا تُشْرِكُواْ بِهِ شَيْئاً وَبِالْوَالِدَيْنِ إِحْسَاناً وَلاَ تَقْتُلُواْ أَوْلاَدَكُم مِّنْ إمْلاَقٍ نَّحْنُ نَرْزُقُكُمْ وَإِيَّاهُمْ وَلاَ تَقْرَبُواْ الْفَوَاحِشَ مَا ظَهَرَ مِنْهَا وَمَا بَطَنَ وَلاَ تَقْتُلُواْ النَّفْسَ الَّتِي حَرَّمَ اللّهُ إِلاَّ بِالْحَقِّ ذَلِكُمْ وَصَّاكُمْ بِهِ لَعَلَّكُمْ تَعْقِلُونَ(151) سورۃ انعام.

ترجمہ: آپ فرما دیجیے کہ آؤ میں تمہیں بتاؤں کہ تمہارے رب نے تمہارے اوپر کن چیزوں کو حرام کیا ہے: تم اس کے ساتھ کسی چیز کو شریک نہ کرو، والدین کے ساتھ حسن سلوک کرو، بھوک کے ڈر سے اپنی اولاد کا قتل نہ کرو، ہم تمہیں بھی اور ان کو بھی رزق دیتے ہیں، علانیہ اور پوشیدہ بے حیائی کے قریب مت جاؤ، اور ایسے شخص کا ناحق قتل مت کرو، جس کے قتل کو اللہ نے حرام قرار دیا ہے، اللہ تعالی تمہیں ان باتوں وصیت کرتا ہے؛ تاکہ تم سمجھو۔

وَلاَ تَقْتُلُواْ النَّفْسَ الَّتِي حَرَّمَ اللّهُ إِلاَّ بِالحَقِّ وَمَن قُتِلَ مَظْلُوماً فَقَدْ جَعَلْنَا لِوَلِيِّهِ سُلْطَاناً فَلاَ يُسْرِف فِّي الْقَتْلِ إِنَّهُ كَانَ مَنْصُوراً(33) سورۃ الإسراء.

ترجمہ: اور ایسے شخص کا ناحق قتل مت کرو، جس کے قتل کو اللہ نے حرام قرار دیا ہے، اور جس کو ظلم کی بنیاد پر قتل کردیا جائے، تو ہم نے اس کے اولیاء کو حق دیا ہے (کہ وہ قاتل سے قصاص لیں) لہذا وہ قاتل کو قتل کرنے میں زیادتی سے کام نہ لیں، یقیناً وہ (مقتول کے اولیاء) اس لائق ہیں کہ ان کی مدد کی جائے۔

ناحق ایک انسان کا قتل تمام انسانیت کا قتل ہے

اسلام میں کسی انسانی جان کا بھی ناحق مارنا، کتنا بڑا جرم ہے، اس کا اندازہ قرآن کریم کی درج ذیل آیت سے بخوبی لگایا جاسکتا ہے:

مِنْ أَجْلِ ذَٰلِكَ كَتَبْنَا عَلَىٰ بَنِي إِسْرَائِيلَ أَنَّهُ مَن قَتَلَ نَفْسًا بِغَيْرِ نَفْسٍ أَوْ فَسَادٍ فِي الْأَرْضِ فَكَأَنَّمَا قَتَلَ النَّاسَ جَمِيعًا وَمَنْ أَحْيَاهَا فَكَأَنَّمَا أَحْيَا النَّاسَ جَمِيعًا وَلَقَدْ جَاءَتْهُمْ رُسُلُنَا بِالْبَيِّنَاتِ ثُمَّ إِنَّ كَثِيرًا مِّنْهُم بَعْدَ ذَٰلِكَ فِي الْأَرْضِ لَمُسْرِفُونَ (32) سورۃ المائدۃ.

ترجمہ: اسی وجہ سے ہم نے بنی اسرائیل کو یہ فرمان لکھ دیا تھا کہ جو کوئی کسی کو قتل کرے؛ جبکہ یہ قتل نہ کسی جان کا بدلہ لینے کے لیے ہو، اور نہ زمین میں کسی فساد کے پھیلانے کی وجہ سے ہو، تو گویا اس نے تمام انسانوں کا قتل کیا، اور جو کسی جان کو بچائے، تو گویا اس نے تمام انسانوں کو بچایا، اور یقیناً ہمارے رسول ان کے پاس واضح احکام لے کر آئے، پھر بھی ان میں سے اکثر زمین میں حد سے تجاوز کرتے رہے۔

مذہبی منافرت کی بناء پر ظلم

مذہبی منافرت کی اسلام میں کوئی جگہ نہیں ہے، کسی دوسرے کے مذہب سے نفرت کرتے ہوئے، ان پر ظلم و زیادتی کرنا، اسلام میں سخت ممنوع ہے، قرآن پاک کی آئندہ آیت سے یہ بخوبی واضح ہوتا ہے:

وَلَا يَجْرِمَنَّكُمْ شَنَآنُ قَوْمٍ أَن صَدُّوكُمْ عَنِ الْمَسْجِدِ الْحَرَامِ أَن تَعْتَدُوا. سورۃ المائدۃ:۲۔ ترجمہ: کسی قوم نے اگر تمہیں مسجد حرام سے روکا ہے، تو اس کی وجہ سے پیدا ہونے والی دشمنی تمہیں ان کے اوپر ظلم کرنے پر آمادہ نہ کرے۔

مومن اور مسلمان کسے کہتے ہیں؟

رسول اللہ ﷺ کی درج ذیل حدیث کی روشنی میں ہمیں سمجھنا چاہیے کہ کیا ظلم و زیادتی کرنے والے، دہشت گردانہ کاروائیوں میں ملوث ہونے والے افراد کا اسلام سے کوئی تعلق ہو سکتا ہے، نبی کریم ﷺ کا ارشاد گرامی ہے:

قَالَ فَضَالَةُ بْنُ عُبَيْدٍ: قَالَ رَسُولُ اللهِ صلى الله عليه وسلم فِي حَجَّةِ الْوَدَاعِ: أَلَا أُخْبِرُكُمْ بِالْمُؤْمِنِ؟ مَنْ أَمِنَهُ النَّاسُ عَلَى أَمْوَالِهِمْ وَأَنْفُسِهِمْ، وَالْمُسْلِمُ مَنْ سَلِمَ النَّاسُ مِنْ لِسَانِهِ وَيَدِهِ. (مسند أحمد، مسند فضالة عبيد الأنصاري، 23958)

ترجمہ: رسول اللہ ﷺ نے حجۃ الوداع کے بیان میں فرمایا: کیا میں تمہیں مؤمن کے بارے میں بتاؤں؟ مؤمن وہ ہے، جس سے لوگوں کی جان و مال محفوظ رہیں اور مسلمان وہ ہے، جس کی زبان اور ہاتھ سے لوگ محفوظ رہیں۔

تمام دہشت گرد قابل مذمت ہیں

پہلگام میں دہشت گردوں کا لوگوں کا مذہب معلوم کر کے ٹارگیٹ کرنے اور ٹرین میں داڑھی ٹوپی دیکھ کر گولی چلانے والے دونوں ایک جیسے ہیں۔

پہلگام کے دہشت گردوں کا کلمہ پڑھنے کا مطالبہ کرنا اور ہمارے ملک میں فرقہ پرستوں کا جے شری رام کہنے پر زبردستی کرنا اور تشدد کرنا، دونوں میں کوئی فرق نہیں ہے۔

پہلگام کے دہشت گرد اور تہوار کے موقع پر مسلم دوکانداروں کو اپنے نام کا بورڈ کا لگانے پر مجبور کرنے والے دونوں ایک ہی نفرتی فیکٹری کی پیداوار ہیں۔

پہلگام کے دہشت گردوں اور برقع، داڑھی ٹوپی دیکھ کر عام لوگوں کو نشانہ بنانے والوں میں کوئی فرق نہیں۔

پہلگام کے دہشت گرد اور مذہب کی بنیاد پر مسلمانوں کی ماب لنچنگ کرنے والے، دونوں برابر کے مجرم ہیں۔

پہلگام کے دہشت گردوں اور فلسطین کے معصوم

شہریوں، خواتین اور بچوں کے نسل کشی پر خوشی کا اظہار کرنے والوں میں کوئی فرق نہیں ہے۔

پہلگام کے دہشت گرد اور ہمارے ملک میں مذہبی منافرت پھیلانے والے، دونوں بھائی بھائی ہیں۔

پہلگام واقعہ کے دہشت گرد اور مالی گاؤں بم دھما کہ کی ملزم پرگیہ ٹھاکر دونوں بھائی بہن ہیں، جس کے خلاف این آئی اے نے عدالت سے سزائے موت کا مطالبہ کیا ہے۔

پہلگام واقعہ کے دہشت گرد اور بلقیس بانو کا گینگ ریپ کرنے والے دونوں ایک جیسے درندے ہیں۔

ذکیہ جعفری کے سہاگ کو اجاڑنے والے اور پہلگام میں ہماری بہنوں کے سہاگ کو اجاڑنے والے دونوں ایک جیسے دہشت گرد ہیں۔ ہاں یہ سب بھائی بھائی ہیں، نہ یہ ہندو نہ مسلمان ہیں، نہ سکھ نہ عیسائی ہیں، یہ انسان نہیں، جانور ہیں، اور ان جانوروں کا مذہب دہشت گردی اور انسانیت دشمنی کے سوا کچھ نہیں ہے۔

ملک کی حفاظت کے ذمہ داروں اور چوکیداروں سے سوال؟

کی سلیت، شہریوں کی حفاظت، تمام غلط عناصر پر کڑی نگاہ رکھنا، یہ حکومت اور متعلقہ شعبوں کی ذمہ داری ہے؛ لہٰذا ان معصوموں کے قصور وار جہاں ان کو قتل کرنے والے دہشت گرد ہیں، وہیں ان دہشت گردوں پر قابو نہ پانے والی سیکوریٹی فورسز، ان کا قبل از وقت پتہ لگانے میں ناکام رہنے والی خفیہ ایجنسیز، ان کے سربراہ، وزیر داخلہ اور وزیر اعظم بھی قصوروار ہیں، ان کی ناکامی اور نااہلی کی وجہ سے ہی دہشت گردوں کے حوصلے بلند ہوئے، صرف دوسروں پر الزام عائد کرنے سے ہم اپنی ذمہ داری اور جوابدہی سے بری نہیں ہوتے۔

آخر وزیر اعظم نے جو تیقن دیا تھا کہ کشمیر سے 370 ہٹنے کے بعد وہاں مکمل طور پر امن و امان ہوگا، اس کارروائی نے اس امن وامان کی پول کھول کر رکھ دی۔ اسی طرح نوٹ بندی کے وقت یہی کہا گیا تھا کہ اس سے دہشت گردوں کی کمر ٹوٹ جائے گی؛ لیکن ان تمام کے باوجود دہشت گردانہ کارروائی رکنے کا نام نہیں لے رہی ہے۔

خبروں کے مطابق بیس منٹ تک دہشت گردوں نے یہ کارروائی انجام دی، نام پوچھ پوچھ کر قتل و غارت گری کرتے رہے؛ لیکن اتنے طویل وقت کے باوجود سیکوریٹی فورسز کا کوئی نوجوان وہاں نہیں پہنچا۔

کشمیر اور اہل کشمیر پر اس کے برے اثرات

جنت نشان کشمیر جتنا خوبصورت اور دل فریب ہے، وہاں کے لوگ بھی اتنے ہی مہمان نواز اور مددگار (کو اوپریٹو) ہیں؛ لیکن آزادی کے بعد سے لے کر اب تک وہاں کے لوگ کسی پائدار امن اور سلامتی سے محروم رہے، ہمیشہ ان پر آزمائشیں آتی رہتی ہیں؛ جرم کسی اور کا ہوتا ہے، لیکن اس کی سزا انہیں بھگتنی پڑتی ہے۔

حالیہ واقعہ کے بعد بھی جہاں پورا کشمیر سوگ اور غم میں ڈوب گیا، تمام طرح کے کاروبار بند کر دیے گئے، نقل و حرکت بالکل تھم گئی، زندگی ٹھہر گئی، سیاحوں کی وہاں سے واپسی کی وجہ سے ہوٹل سیکٹر، ٹرانسپورٹیشن اور دیگر کاروبار پر جو اثر پڑا اور اس کی وجہ سے بڑے پیمانے پر ہونے والے نقصانات ایک طرف، دوسری طرف بعض حقیقت سے ناواقف لوگ، کشمیری حضرات کو ہی شک کی نگاہ سے دیکھنے لگتے ہیں، جو بالکل غلط ہے، نہ صرف اس طرح کے واقعات سے کشمیریوں کا کوئی تعلق نہیں ہوتا؛ بلکہ ان واقعات کے برے نتائج سے وہ خود متاثر ہوتے ہیں۔

مولانا سید احمد ومیض ندوی نقشبندی۔استاذ حدیث دارالعلوم حیدرآباد

مقابلہ حسن یا نسوانیت کی نیلامی؟

اس وقت پوری دنیا میں دو طرح کے نظام رائج ہیں: ایک ربانی نظام اور دوسرا شیطانی اور طاغوتی نظام، دنیا بھر میں پائے جانے والے نظام ہائے زندگی انہی دو نظاموں میں منحصر ہیں، ربانی نظام کی نمائندگی دین اسلام کرتا ہے جبکہ شیطانی اور طاغوتی نظام کی نمائندگی اہل مغرب اور دنیا بھر میں پائی جانے والی طاغوتی طاقتیں کرتی ہیں، ربانی نظام خدا ورسول کی تعلیمات کے ارد گرد گھومتا ہے، جبکہ شیطانی نظام ابلیس اور انسانوں کی شکلوں میں پائے جانے والے اس کے چیلے شیاطین الانس کے بنائے ہوئے قوانین کے ارد گرد گھومتا ہے، قرآن مجید میں ان دو نظاموں اور دو گروہوں کا ذکر ملتا ہے، قرآن اول الذکر کو حزب اللہ اور ثانی الذکر کو حزب الشیطان سے تعبیر کرتا ہے، قرآن نے ان دونوں گروہوں کے انجام سے بھی باخبر کر دیا ہے، ربانی نظام اور اس کے علمبرداروں کا ذکر کرتے ہوئے کہا گیا: **الا ان حزب الله هم المفلحون** خبردار اللہ کا گروہ ہی فلاح یاب ہوگا، اسی طرح شیطانی گروہ کا ذکر کرتے ہوئے کہا گیا: **الا ان حزب الشيطان هم الخاسرون** خبردار شیطان کا گروہ ہی خسارے میں ہے (الحشر)

ان دونوں نظاموں میں زمین وآسماں کا فرق ہے، دونوں ایک دوسرے کی ضد ہیں، ایک کی بنیاد خالق کائنات کی وحی ہے، جبکہ دوسرے کی بنیاد انسانی اور شیطانی اور شہوانی جذبات ہیں، ایک رب کائنات کا بنایا ہوا ہے، جبکہ دوسرا خود انسانوں کا بنایا ہوا ہے، ایک کی بنیاد ربانیت ہے جبکہ دوسرے کی بنیاد شہوانیت ہے، ربانی نظام توحید وایمان کا علمبردار ہے، جبکہ شیطانی نظام شرک وکفر اور الحاد و دہریت کا طرفدار ہے، ان دونوں نظاموں میں جہاں بہت سے فروق وامتیازات ہیں وہیں ایک بنیادی فرق یہ ہے کہ ربانی نظام شرم وحیا پر قائم ہے، اور عفت و پاک دامنی اس کی روح ہے، جبکہ شیطانی اور طاغوتی نظام فحاشی و بے حیائی کا علمبردار ہے، بے حیائی وفحاشی اس کی خمیر میں شامل ہے، ربانی نظام جس کی نمائندگی دین اسلام کرتا ہے اس کی ساری تعلیمات کا خلاصہ عفت و پاک دامنی اور شرم وحیا کا فروغ ہے، اسلام کی معاشرتی تعلیمات کا سرسری جائزہ بتاتا ہے کہ دین اسلام میں ہر وہ عمل ممنوع ہے جس سے معاشرے میں بے حیائی وفحاشی کو فروغ ملتا ہو، اسلام قدم قدم پر بے حیائی پر روک لگاتا ہے، اور ہر اس خوبی کی حوصلہ افزائی کرتا ہے جو حیاء اور پاکیزگی کو پروان چڑھاتی ہو، قرآن مجید میں جگہ جگہ فحاشی و بے حیائی سے بچنے کی تلقین کی گئی ہے، ارشاد ربانی ہے: **ان الله يامر بالعدل والاحسان وايتاء ذى القربى وينهى عن الفحشاء والمنكر والبغى يعظكم لعلكم تذكرون** (النحل)

آیت کریمہ میں تین خوبیوں کا حکم اور تین خرابیوں کی ممانعت کی گئی ہے، عدل، احسان اور قرابت داروں کے ساتھ حسن سلوک کی تاکید ہے، جبکہ دوسری طرف ظلم بغاوت اور ہر قسم کے منکرات سے ممانعت کے ساتھ فحاشی اور بے حیائی کی سختی سے ممانعت کی گئی ہے، اسلامی نظام میں ہر اس عمل کو ضروری قرار دیا گیا ہے، جس سے شرم وحیا کا تحفظ ہوتا ہو اور ناموسِ زن کی حفاظت ہوتی ہو، چنانچہ مردوں کو حکم دیا

گیا کہ وہ اپنی نگاہیں نیچی رکھیں، ارشاد ربانی ہے: **قل للمؤمنین یغضوا من ابصارھم ویحفظوا فروجھم** (النور) اے نبی صلی اللہ علیہ وسلم مومن مردوں سے کہیے کہ وہ اپنی نگاہیں نیچی رکھیں اور اپنی شرمگاہوں کی حفاظت کریں، بدنگاہی کو شیطان کی تیروں میں سے ایک زہرعلی تیر قرار دیا گیا، جس سے شیطان انسان پر حملہ آور ہوتا ہے، خواتین کو پابند کیا گیا کہ وہ بلاضرورت گھر سے نہ نکلیں اور اور جب نکلنا ناگزیر ہو جائے تو پردے کا خوب اہتمام کریں، ارشاد ربانی ہے: **یدنین علیھن من جلابیبھن** (الاحزاب) اے نبی صلی االلہ تعالی علیہ وسلم اپنی ازواج اور مومنین کی عورتوں سے فرما دیجئے کہ وہ اپنے اوپر اپنی چادریں ڈالی رکھیں۔ اسی طرح اجنبی مرد وخواتین کے اختلاط سے منع کیا گیا، جس سے ماحول میں بے حیائی عام ہوتی ہو، ہر وہ تقریب جس میں مرد وخواتین کا بے محابہ اختلاط ہوتا ہو اس میں شرکت سے روکا گیا، حجاب کو ناموس نسوانیت کا محافظ اور خواتین کے شرف و وقار کا ضامن قرار دیا گیا، خواتین کے لیے حجاب اسی طرح فرض ہے جس طرح نماز اور دیگر عبادات فرض ہیں، اسلام کا مقصد ایک پاکیزہ اور پاک دامن معاشرہ کی تشکیل ہے، اور یہ اسی وقت ممکن ہے جب معاشرے میں بے حیائی اور فحاشی پر روک لگی رہے، اور شرم و حیا کے تقاضوں کی تکمیل کی جائے، حیاء دین اسلام کا طرہ امتیاز ہے، یہی وجہ ہے کہ حیاء اور ایمان کو لازم وملزوم قرار دیا گیا، ایک حدیث میں فرمایا گیا: الحیاء ہو الایمان حیاء ہی ایمان ہے، دوسری جگہ حیاء کو ایمان کا اہم ترین شعبہ قرار دیتے ہوئے فرمایا گیا: والحیاء شعبہ من الایمان، حیاء ایمان کا ایک اہم ترین شعبہ ہے، اسلام میں خواتین کو پابند کیا گیا ہے کہ وہ غیروں کے سامنے بن سنور کر نہ نکلیں، جو خاتون بن سنور کر بے پردگی کے ساتھ باہر نکلتی ہے تو فرمان رسول کے مطابق اسے شیطان اچک لیتا ہے، ایسی خواتین کو حبائل الشیطان کہا گیا ہے، حتی کہ خواتین کو اس کا بھی پابند کیا گیا کہ وہ اس طرح چلیں کہ ان کے پازیب کی جھنکار غیر مردوں کو سنائی نہ دے، اپنے شوہروں کے لیے بننا سنورنا نہ صرف درست بلکہ مستحسن قرار دیا گیا، اس کے برخلاف غیر مردوں کے لیے اپنے حسن کے اظہار کو سختی سے منع کیا گیا، جو عورتیں اپنے حسن و جمال کے ذریعے غیروں کو دعوت نظارہ دیتی ہیں ان کے لیے وعید سنائی گئی کہ وہ کل قیامت کے دن جنت کی خوشبو تک نہ پائیں گی، اسلام عورت کو ایک ایسے قیمتی ہیرے کی حیثیت دیتا ہے، جس کی حفاظت میں کی جانے والی معمولی کوتاہی بھی اس کے ضیاع کا سبب بنتی ہے، اور دنیا کا اصول بھی ہے کہ جو جتنا قیمتی ہوتا ہے اسے اتنے پردوں اور حفاظتی بندوبست میں رکھا جاتا ہے، انسانی تخلیق میں قدرت نے بھی اسی اصول کو پیش نظر رکھا ہے، ہمارے جسم میں جو جتنا قیمتی عضو ہے اسے اسی قدر محفوظ ومحصور کیا گیا ہے، دماغ کتنا اہم عضو ہے، اسے اللہ تعالی نے چاروں طرف سے ہڈیوں کے مضبوط حصار میں میں محفوظ کر دیا ہے، پھلوں میں بھی خدا کا یہی نظام کارفرما ہے، جس کا جتنا قیمتی مغز ہوتا ہے اس کا چھلکا اتنا ہی طاقتور اور سخت ہوتا ہے۔

ایک طرف عفت و پاک دامنی اور شرم وحیاء کا پاسدار ایمانی اور ربانی نظام ہے، جو قدم قدم پر ناموس نسواں کی حفاظت اور خواتین کے شرف و وقار کو تحفظ عطاء کرتا ہے دوسری طرف موجودہ دنیا میں رائج مغربی نظام زندگی ہے جو دراصل شیطانی اور ابلیسی نظام ہے، اس نظام کی بنیادی خصوصیت بے حیائی اور فحاشی ہے، آج دنیا بھر میں جس قدر بے حیائی کا ننگا ناچ دیکھا جا رہا ہے وہ اسی نظام کی دین ہے،

مغربی طاقتیں جو دراصل ابلیس کی نمائندہ ہیں اپنے اس حیاء باختہ نظام کو دنیا بھر میں عام کرنے کے لیے روز اول سے ایڑی چوٹی کا زور لگا رہی ہیں، کسی زمانے میں مشرق مغربی لعنتوں سے پاک تھا لیکن اب دیکھتے دیکھتے مغرب کی ہر وہ لعنت مشرقی ملکوں میں جڑ پکڑتی جا رہی ہے جس سے شرم و حیا سر پیٹنے لگتے ہیں، ابلیس کا اولین مقصد انسانی معاشروں سے شرم وحیا کا خاتمہ کر کے ان میں برہنگی اور عریانیت کو عام کرنا ہے، ابلیس انسانوں کا ازلی دشمن ہے، اولین انسان حضرت آدم اور اولین خاتون حضرت حواء علیہم السلام کو ابلیس نے غلط باور کرا کران سے ایسی حرکت سرزد کروائی جس سے ان کا لباس اتر گیا، قرآن مجید میں اس واقعے کا تذکرہ وضاحت کے ساتھ کیا گیا ہے، ابلیس اللہ تعالی سے مہلت لے کر آیا ہے کہ وہ انسانوں کو دائیں سے بائیں سے آگے سے پیچھے سے ہر طرح سے گمراہ کرے گا، بے لباسی کا فتنہ دراصل ابلیسی فتنہ ہے، چنانچہ آج دنیا بھر میں ابلیسی طاقتیں زیادہ سے زیادہ مرد وخواتین میں بے لباسی کو عام کرنے پر تلی ہوئی ہیں، 14 فروری کو منائے جانے والے یوم عاشقاں ہو یا نئے سال کے موقع پر برپا کیا جانے والا طوفان بدتمیزی، ایک ایک کر کے ساری مغربی غلاظتیں عالم اسلام اور مشرقی ملکوں میں جڑ پکڑتی جا رہی ہیں، مغرب کی انہی لعنتوں میں سے ایک لعنت مقابلہ حسن ہے، جسے بے حیائی کو فروغ دینے کے لیے خوب استعمال کیا جا رہا ہے، حسن کا مقابلہ بس ایک عنوان ہے اس کے پس پردہ اصل مقصد نسوانیت کی نیلامی اور ناموس زن کو مٹی میں ملانا ہے، اس مقابلے کے لیے دنیا بھر سے حسینائیں بلائی جاتی ہیں، پھر ان کے حسن کا خوب چرچا کیا جاتا ہے، ان کے حسن کو ناپا اور تولا جاتا ہے، بظاہر یہ ایک اعزاز معلوم ہوتا ہے لیکن درحقیقت یہ خواتین کی عزت و ناموس کی نیلامی ہے، اس مرتبہ اس عالمی مقابلہ حسن کے انعقاد کے لیے ہندوستان اور اس کا تہذیبی شہر حیدرآباد کو منتخب کیا گیا ہے، آنے والے 31 مئی کو یہ شرمناک اور فحاشی و بے حیائی کو فروغ دینے والا مقابلہ ہمارے شہر میں منعقد ہونے جا رہا ہے، حیدرآباد شہر شروع سے مذہب پسند اور اخلاق و شائستگی کا پاسدار رہا ہے، دکن کی تہذیب کی اپنی خصوصیت رہی ہے یہاں ہمیشہ مذہبی روایات اور تہذیبی اقدار کا پاس ولحاظ کیا گیا ہے لیکن افسوس اب حیدرآباد جیسا تاریخی شہر حسن کے عالمی میلے کی میزبانی کرنے جا رہا ہے اور اپنی تہذیبی شناخت کو داو پر لگا رہا ہے، کچھ حلقوں کی جانب سے اسے فخریہ طور پر اس طرح پیش کیا جا رہا ہے گویا اس سے اس شہر کی عظمت میں اضافہ ہوگا، یہ کوئی فخر کی بات نہیں بلکہ تشویش اور فکرمندی کا موقع ہے کہ اس قسم کا مقابلہ کر کے اس شہر کی بچی کچی عزت پر بٹہ لگایا جا رہا ہے، مس ورلڈ 2025 کا حیدرآباد میں انعقاد دراصل ہماری اقدار ہماری، تہذیب اور ہماری ثقافت پر ایک فکری حملہ ہے، 109 ممالک کی حسینائیں اپنا جلوہ دکھا کر اس شہر کی روایات و اقدار کی مٹی پلید کریں گی، یہ ہم سب کے لیے تشویش کی بات ہے، اس قسم کی بے حیاء کی تقریبات نوجوان نسل کے ذہن کو نہ صرف آلودہ کریں گی بلکہ ان کے دل و دماغ میں شہوت وہوسنا کی کی آندھیاں مچلنے لگیں گی اس سے نئی نسل کے لیے ایک غلط مثال آئے گی، جب ہماری بیٹیاں دیکھیں گی کہ ایک عورت کی عزت حسن کی نیلامی میں ہے تو وہ بھی اسی راستے پر چل پڑیں گی، اس طرح وہ خود اپنے ہاتھوں سے حیاء اور وقار کی چادر کو تار تار کرنے لگیں گی۔

منتخب علمی و مذہبی مضامین کا ایک اور مجموعہ

مذہبی فکر و نظر: حصہ -۴

مرتبہ : ڈاکٹر محامد ہلال اعظمی

بین الاقوامی ایڈیشن جلد منظر عام پر آرہا ہے